Jeff Bezos: La Fuerza Detrás de la Marca

Jeff Bezos: La Fuerza Detrás de la Marca

Introspección y Análisis de la Vida y Logros del Hombre más Rico del Planeta

JR MacGregor

Jeff Bezos: La Fuerza Detrás de la Marca

Introspección y Análisis de la Vida y Logros del Hombre más Rico del Planeta

Copyright © 2018 JR MacGregor

Todos los derechos reservados. Ninguna porción de este libro puede ser reproducida, almacenada en un sistema de recuperación, o transmitida de ninguna forma o por ningún medio – electrónico, mecánico, fotocopia, grabación, escaneo, u otros, – excepto para citas breves en reseñas críticas o artículos, sin la autorización previa por escrito del editor.

Publicado por CAC Publishing LLC.

ISBN 978-1-948489-54-6 (pasta blanda)

ISBN 978-1-948489-53-9 (libro electrónico)

Este libro está dedicado para aquellos que sueñan con cambiar el mundo.

Asegúrate de revisar el siguiente libro de la serie 'Visionarios Billonarios':

[Elon Musk: Moviendo el Mundo con Una Tecnología a la Vez](#)

Tabla de Contenidos

Tabla de Contenidos	7
Prólogo	10
Introducción	14
Capítulo 1 - Perspectiva general	23
Comenzando con los libros	24
La tecnología	25
Nuevos emprendimientos	27
Dilema del emprendedor	28
El comienzo	29
Obstinado	31
Saliendo al aire	32
Discurso del inversionista	34
Capítulo 2 - Conoce a Jeff Bezos	38
Cruzando el Hudson	39
Viendo profundamente	50
Mirando más allá de la riqueza	51
Mantén el juicio	54
Capítulo 3 - El Joven en una Misión	57
Peter Pan	58
Vida de rancho	63
Recursos	64
Los años vergonzosos	65

Era de las computadoras	66
Rutina vs. Razonamiento	67
Modelos a seguir	70
Energía sin límites	72
Delegar	73
El graduado	75
Bezos y las mujeres	78
Capítulo 4 - Lanzando Amazon	81
Distracciones	84
El reflejo de Amazon	92
Capítulo 5 - Comprender a Amazon – Comprender a Bezos	95
Brazos robóticos	99
El cliente de Amazon	102
Entendiendo a Bezos a través de sus empleados	104
Capítulo 6 - La Mentalidad de Bezos	108
Jugadores finitos	109
Jugadores infinitos	110
Usando el marco finito e infinito	113
Capítulo 7 - Más Allá de Amazon	115
Capítulo 8 - Manifestación mental	124
Capítulo 9 - Opinión de despedida	130
Capítulo 10 - Filantropía	139

Conclusión   141

Prólogo

A pesar de tener atributos positivos, parece que hacemos las cosas sin rima ni razón aparente. Observamos el auto nuevo del vecino; le imponemos nuestros puntos de vista a nuestra familia; juzgamos a los demás con los mismos estándares que nosotros establecimos arbitrariamente para nosotros mismos, y no podemos tener suficientes *reality shows*. Todos estos factores del perfil humano están más conectados de lo que pensamos.

Hacemos estas cosas porque la especie humana está inextricablemente conectada a un nivel muy profundo, y la forma en que esto se manifiesta es por la curiosidad de nuestros semejantes. A nuestra manera, todos somos dotados, pero, la mayoría de las veces, no sabemos cómo entender nuestros dones o cómo utilizarlos de manera que den resultados espectaculares.

No sabemos cómo ser nuestro propio Elon Musk, ni nuestro propio Bill Gates, Steve Jobs o Jeff Bezos. Todos estos hombres (sólo son una pequeña muestra de algunos de los triunfadores) son extremadamente exitosos en lo que hacen, sin embargo, entre ellos, no hay duplicados. Bezos logró tener un gran éxito haciendo algo muy diferente a lo que hizo Steve Jobs. Bill Gates contribuyó con algo muy diferente, y lo hizo de forma muy diferente a comparación de Elon Musk. Pero todos contribuyeron significativamente y en varias áreas de la vida que nuestra especie experimenta.

No estamos buscando y, realmente, no deberíamos estar buscando hacer lo que ellos hicieron. Buscamos comprendernos a nosotros mismos en la forma en que ellos se entendieron a sí mismos y explotaron sus mejores atributos.

Déjame ilustrar.

Al escribir este libro sobre Bezos, aprendí muchas cosas sobre él, pero, lo más importante es que aprendí algo muy importante sobre mi hijo más pequeño, quien se comporta de forma muy similar a lo que hacía Bezos cuando era un niño. Mientras investigaba sobre su vida, la avalancha de anécdotas que reconstruí en mi investigación –

aunque supuestamente tenía que dibujar una imagen de Bezos en mi cabeza para poder narrarla con todos ustedes–, terminé dibujando la imagen de mi hijo menor. Y eso cambió mi punto de vista sobre él porque me enseñó a entender mejor a mi hijo más pequeño, quien siempre ha sido un skosh diferente a comparación de los niños ordinarios. No espero que hagas eso con tus hijos, pero podría ayudarte a explicar algo sobre ti y, si lo desarrollas, quién sabe a dónde pueda llevarte.

Lo diré aquí y lo diré de nuevo, las biografías nunca hablan sobre el tema y sólo se enfocan en el chisme. Las biografías de los grandes triunfadores son sobre nosotros mismos. Si lo ves desde esa perspectiva, entonces estás obligado a ver lo bueno en las demás personas para poder encontrar el poder y la fuerza en ti mismo.

Es bueno que Bezos esté en las noticias y que haya creado un llamado hacia él, porque las lecciones que nos puede enseñar, con tan solo disecar su experiencia y observar su trayectoria, serán de gran beneficio para grandes hileras de personas, aunque no para todos. Algunos de ustedes pueden beneficiarse con Jack Ma; otros pueden aprender más de Albert Einstein. Solo espero que mi humilde intento de reconstruir una pequeña muestra de su vida y sus interesantes logros desempeñe un papel que toque tu vida y la mejore.

Todos tenemos una pequeña voz en nuestra cabeza que puede provocar el éxito o el caos. Si sincronizamos esa voz, nos enviará alertas sobre las cosas que nos catapultarán hacia el reino de nuestras necesidades y deseos. Si nos tropezamos y comenzamos a prestarle atención a la voz equivocada, entonces comenzaremos a actuar bajo nuestros temores y prejuicios. Este libro no trata sobre qué voz escoger, sino de un hombre que ha ajustado finamente sus sentidos para saber exactamente cuál voz le está diciendo qué y cuándo debe escucharla. No es algo que provenga de una meticulosa y articulada definición, sino que proviene de errores, reflexiones, más errores, aprendizaje, y más errores, y luego, después de superar todos los retos, resolver todos los problemas, y escalar todas las montañas, encontramos logros en el horizonte y éxito en el amanecer.

Introducción

Déjenme decirles desde el principio que no verán ninguna mala palabra sobre este hombre en este libro. Pero no es porque este libro esté escrito para adular al hombre más rico del planeta.

Al contrario, está escrito de esta manera porque no podemos copiar o aprender de un hombre –cualquier hombre o mujer– del que nos burlemos o encontremos fallas. Las biografías no hablan sobre la persona del libro. Las biografías son para la persona que lo lee, y la búsqueda que hacen para encontrar la chispa que está dentro de ellos. No tratan de rendirle homenaje a la persona de la biografía.

Sin embargo, es fácil dejarse llevar por la cambiante narrativa sobre la persona que está detrás del nombre. Se vuelve complejo descifrar al hombre que está detrás de la compañía y el cerebro detrás de la idea. Y eso es, después de todo, el por qué estamos intrigados por esta persona: su carácter, sus acciones, su razonamiento. Él es interesante por sus logros, y su serie de ideas, decisiones y acciones que ha tomado para llegar a donde está en este momento.

Este tampoco es un libro sobre lo que está bien o mal, los vicios y las virtudes, o los movimientos comerciales éticos o impertinentes que pueden o no afectar a otros. De nuevo, se trata del trayecto y alma de un hombre que combina el cinismo para hacer y ver algo, algo perfecto. Algo que es mejor de lo que nadie ha hecho hasta ese punto. Hay cosas que puedes decir sobre Bill Gates, Steve Jobs, Jack Ma, Richard Branson y cualquiera que haya alcanzado un cierto nivel de éxito que esté más allá de lo que otros han soñado hacer. Pero juzgarlos no te llevará lejos.

Cuando se trata de Bezos (por cierto, se pronuncia 'Bay-Zos', no Bee Zos), muchos de ustedes van a decir que él hizo esto o que él hizo lo otro, o que puso en quiebra a esta compañía y la otra también. Entiendo su sentido de empatía por los vencidos y las compañías que fueron impactadas y cerradas, o las compañías que tuvieron que reducir su tamaño debido al auge de Amazon. Por ejemplo, Barnes and Noble; lo cual es especialmente irónico, ya que la cafetería de Barnes and Noble fue la que acogió a Bezos y sus compadres, además de sus primeros clientes e inversores en Seattle. No solo Barnes and Noble fue el que se golpeó contra una pared cuando Amazon comenzó a crecer; también fueron los minoristas como Macy's y Nordstroms. Pero no solo aplicó para las compañías tradicionales con tecnología antigua; también sufrieron las que poseen nuevas tecnologías. Etsy, por ejemplo, ha visto mejores días.

Aquellos de ustedes que dicen que Amazon y, por ende, Jeff Bezos, son malvados y antiamericanos (hablando sobre el monopolio y todo eso), les insto a pensar de nuevo. ¿Realmente has puesto ese pensamiento en tu cabeza? ¿De verdad crees que están tratando de destruir los íconos antiguos del comercio estadounidense porque no tienen nada mejor que hacer? No. Esa es la genialidad de Amazon y la brillantez de Bezos. Están decididos a revolucionar el paisaje y aprovechar la tecnología para hacerlo.

O ¿tal vez piensas que tiene que ver con la codicia a expensas de los otros? No veo ninguna evidencia de ello. Lo que veo es una persona que ha identificado una pieza de tecnología y la ha utilizado de formas que otros apenas están empezando a comprender.

A medida que el libro se vaya desarrollando, una de las cosas que empezarás a entender sobre Bezos es que tiene dos lados (en realidad tiene más, pero en este caso, estos dos tienen un contraste marcado). Por un lado, tienes un hombre que conoce muchísimo de la tecnología y ve su utilidad en los detalles de la infraestructura (de esa misma tecnología); es el tipo de persona que podría decirte por qué la nave estelar Enterprise pude deformarse y por qué se amplía en el Warp 9. Por cierto, si te fijas bien, Bezos tiene un cameo en Star Trek: Sin Límites, ya que es uno de los personajes alienígenas (deberías buscarlo). Su otro lado es casi estoico, de manera filosófica. Él es una de esas personas que lee a los nuevos autores filosóficos como Taleb (Nassim Nicholas) y otros filósofos que hablan sobre tecnología. Él es una de esas personas que ve el hilo fundamental que atraviesa las cosas y no puede entender la perspectiva de aquellos que no lo ven. Es muy intolerante con la ignorancia.

Su capacidad para entender el lugar de la tecnología en el mundo actual se debe a su marco mental filosófico y comprensión de cómo funcionan las cosas.

Bezos no está atrapado en su dinero de la forma en que nosotros lo estamos y, si realmente quieres comprender el secreto de su éxito, antes de seguir, debes abandonar tus nociones preconcebidas del juego limpio, estándares arbitrarios de la moralidad correcta e incorrecta, estándares éticos de negocios, y las nociones anticuadas de las fuerzas competitivas.

Te aseguro que, cuando lo hagas, encontrarás la salsa secreta que está empaquetada en todas las cosas que toca Bezos. No es para los débiles.

La mejor manera de desmenuzar y consumir una biografía (cualquier biografía, no solo esta) es ver la causa y efecto de las acciones de una persona, en lo que respecta a sí mismos y al mundo que los rodea. Cuando ves a alguien como Bill Gates, ¿te das la vuelta y descartas toda la filantropía que ha hecho, toda la riqueza que ha acumulado y todos los beneficios que han surgido a partir de la creación de Microsoft? O ¿ves la forma posiblemente injusta (no creo que sea injusta, pero muchos que juzgan piensan que sí lo es) en que colocó el código fuente de la versión original de DOS? Hizo lo que hizo y cambió el mundo a raíz de esa decisión.

Todos somos la suma de nuestras decisiones, como dijo Bezos en el discurso de la ceremonia de graduación de los chicos en Stanford, y con razón. Tenemos que vivir y morir por nuestras decisiones y ver cómo afectan en todas las cosas que nos rodean. Cómo lo hacemos y lo que hacemos proviene de esas elecciones y esas decisiones. Si elegimos tomar el camino que las personas como Bezos o Gates han tomado, entonces el resultado será bastante similar. Es como hornear un pastel: si sigues las medidas exactas, la secuencia y los métodos correctos, estarás muy cerca de llegar al mismo resultado. La posibilidad de obtener ese resultado también tiene que ver con hacer las cosas de buena gana y no solo ir siguiendo los pasos. Por experiencia personal, puedo decirte que, si sigues los pasos, pero no estás creyendo realmente en ellos, estás perdiendo el tiempo.

Pero si quieres aprovechar la oportunidad del éxito y contribuir a la trayectoria de esta civilización, entonces tienes que levantarte y romper algunos huevos. Debes observar cuidadosamente cómo algunos de estos expertos logran su éxito para que puedas hacer lo mismo, en tu propio campo. Me gustaría pensar que es por eso que estás leyendo esta biografía.

Como está escrito, así es; no solo te va a dar datos y figuras interesantes, sino que va a destacar las uniones y eventos que generaron decisiones y trazaron un camino meteórico. Es una historia fascinante y me ha enseñado mucho. Es una búsqueda que trasciende el espacio, el tiempo y la persona.

Para ayudarte con esa búsqueda, como ya he dicho anteriormente, es mejor no resaltar los aspectos negativos o centrarse en los errores de la persona (en esencia, reserva tu opinión y juicio sobre el tema y busca las contribuciones constructivas). Más bien, es mejor ver los desafíos, hacer preguntas, digerir el razonamiento y contemplar las similitudes.

Todos necesitamos dirección y claridad para lograr las diversas vocaciones que nos atraen. Todos necesitamos ideas y ejemplos para hacer las cosas que nos gustaría hacer, pero dudamos porque inconscientemente no tenemos un camino claro por delante.

No todos nosotros. De hecho, solo unos cuantos de nosotros que leamos este libro y vayamos a leer otros libros sobre Bezos, y libros sobre otros hombres con logros significativos, saldremos y construiremos exitosamente otro Amazon o construiremos su reemplazo. Pero eso no es lo que visualizo mientras escribo este libro. Lo que imagino es que todos ustedes encuentren su propia chispa y hagan cosas que iluminen su alma. Para Bezos, era la tecnología (hablaré de eso en el siguiente capítulo). Para Steve Jobs, la elegancia. Para Bill Gates, fueron los mercados masivos y la adopción de la tecnología. Para Jack Ma, era potenciar las empresas chinas.

No encontrarás la respuesta a tus imperiosas y subconscientes preguntas de la vida y cómo tener éxito con tan solo leer un libro (o muchos libros) sobre un hombre. Te acercarás cuando hayas leído muchos, sobre muchos. Por último, el éxito ya está dentro de ti. No puedes copiar el éxito de otra persona; sólo puedes entender el marco de su mente y ver lo que hace para marcar las cosas. Luego aprenderás a utilizar tus propios poderes para afrontar tu propia vida.

A la luz de esto, espero que estés inspirado con los hechos, anécdotas y análisis contenidos en este libro. Espero que encuentres tu propia chispa que te impulse a llegar al siguiente nivel. Rezo para que desarrolles todo tu potencial y toques a todos aquellos a tu alrededor para que logren lo mismo.

***

Capítulo 1 - Perspectiva general

"La invención es disruptiva por naturaleza. Si quieres ser comprendido todo el tiempo, no hagas nada nuevo."

Al momento de la publicación, el precio de una acción de Amazon es de 1,450 USD, lo que le da una capitalización bursátil total de 699 mil millones de dólares. Esto coloca a Amazon entre las 20 empresas globales más importantes. Es bastante grande, pero, por el momento, no es la compañía más grande del mundo. Este título le pertenece a PetroChina, cuyo valor es de más de 10 mil millones de dólares, pero las empresas como PetroChina no cuentan en este cálculo ya que son compañías estatales y, por lo tanto, no afectan el tamaño y logro de nuestro Amazon.

En los Estados Unidos, Amazon es la cuarta compañía más grande con esos números, justo detrás de Apple, Google y Microsoft. La mayoría de las personas diría que Amazon comenzó como un vendedor de libros y que ese siempre fue el objetivo. Nunca lo fue.

Los primeros productos de Amazon fueron libros, pero esa no era la idea del fundador. Él sabía desde el principio que la yuxtaposición entre tecnología y utilidad era lo que en verdad quería explotar, y no solo los libros. No pensaba vender libros como su propósito en la vida.

Hay dos cosas mal en esta imagen. La primera es que cataloga a Bezos como un tonto, (y no lo es); él es muy complejo. En segundo lugar, parece que el éxito de Amazon fue accidental, y no fue así. Fue deliberado, calculado y cincelado hasta su forma actual.

Comenzando con los libros

Todos sabemos que él empezó con los libros de su cochera en Seattle, donde recién acababa de mudarse desde Nueva York. Amazon fue mayormente conocido por eso, y aún, Amazon sigue siendo el mayor vendedor de libros del mundo, a pesar de que ha dejado de etiquetarse como tal, como lo hizo en 1994.

La decisión de empezar con los libros en 1994 se debió a que los libros eran uno de los artículos de catálogo que más se prestaban para la compra y el envío en línea. Más adelante verás que Bezos había pensado mucho sobre qué producto ofrecer en este nuevo mundo del Internet y, por lo tanto, examinó todos los bienes y servicios posibles que podían catalogarse y venderse; y se encontró con que los libros no eran parte de las ventas por correo ya que había tantos títulos que nadie podía imprimir un catálogo y enviarlo a todos los hogares de los EE.UU. El Internet resolvió naturalmente ese problema, y fue la forma más fácil en que Bezos pudo ingresar al mundo del comercio electrónico. Él ya tenía el medio ideal, ahora necesitaba el producto perfecto, y lo encontró.

Si lo piensas, no siempre fue la cosa más fácil de hacer. Tenemos que sentarnos y decir que fue una elección obvia, pero, si realmente lo piensas, ¿con qué frecuencia alguien puede decir que vio una cosa y logró encontrar una oportunidad dentro de ella? Es el resultado de un cerebro ingenioso; es como ser MacGyver en el mundo de los negocios.

La tecnología

Piensa en eso por un minuto y te darás cuenta de que, mientras que el Internet ha eclipsado exitosamente el mundo de los pedidos por correo, el negocio de las ventas por correo era una gran industria. ¿Recuerdas los montones de correo basura que solías recibir antes de los 90? ¿Recuerdas los catálogos que solían llenar tu buzón? En el corazón de eso estaba el comercio. En el corazón de eso estaba el vendedor acercándose a un comprador, haciéndole saber que aún tenían cosas para venderle.

Cuando Amazon empezó a surgir en la mente de este joven ingeniero eléctrico que estaba trabajando en las oficinas de una cámara de fondos cuantitativos de alto riesgo en Wall Street, no fue porque creyera que los pedidos por correo fueran un gran negocio. Lo hizo porque creía que el Internet era un gran canal para llegar a millones de personas.

La mayoría de las compañías ven su producto y luego piensan en el canal de distribución. Muy bien. Pero nadie piensa en el canal y luego trata de rellenarlo con el producto. Sin embargo, Amazon es el resultado de ello.

Eso es todo lo que era: un punto de entrada; una brecha para aprovechar la nueva red de distribución. Sería como tomar la última tecnología en grafenos y decir, "Está bien, ahora que la tengo, ¿qué puedo hacer para aprovecharla?"

Amazon tampoco fue el primero en intentar vender libros en línea. Ya existían algunas compañías en Internet que habían comenzado a ofrecer libros en línea. Y en un momento llegaremos a eso, pero, por ahora, solo observa los humildes comienzos de Amazon y compáralo con el potencial del Internet que Bezos vio; es el impulsor de Amazon. Un producto no es el conductor de una tecnología.

La razón por la que debemos analizar esta actitud es que podemos invocarla cuando estemos buscando emprender en algo. ¿Conoces esos momentos en que sentimos que necesitamos salir por cuenta propia? Y ¿qué tal cuando sentimos que la rutina de 9 a 5 nos está frenando?

Nuevos emprendimientos

Tendemos a tomar momentos como este, ver la oportunidad global, pensar dónde se cruzan nuestras habilidades con ella, y creer que estamos limitados a seguirla. Eso es cierto para algunas personas, pero, en general, no lo es. Los mejores triunfadores, y los que logran ser multimillonarios, no necesariamente se miran a sí mismos y dicen: "¿Cuál es mi pasión?" Por ejemplo, mira a Jack Ma. A la fecha, todavía no tiene idea de cómo escribir un simple programa o conectar un servidor. Su motor era lanzar negocios chinos en el mercado mundial y siguió con eso porque vio el potencial. Hizo lo que necesitaba hacerse, no lo que le gustaba hacer. Tienes que crear tu propia pasión y suerte. No puedes estar a voluntad del destino y de los otros. Levántate con las fuerzas que te influenciarían, y verás que tus esperanzas de llegar a ser exitoso se materializarán, tal como lo hizo Bezos.

Parece que cometemos el error de hacer aquello en lo que somos buenos, y no siempre es cierto. Sin duda, hay algunas personas que no tienen la capacidad de reunir la motivación para hacer lo que no les apasiona. Conócete a ti mismo. Si eres una de estas personas, busca la pasión. Pero si no eres una de estas personas, no esperes a encontrar la pasión por algo. En cambio, encuentra algo con lo que puedas marcar la diferencia y luego enciende la pasión. En este sentido, no evites algo solo porque no tienes las credenciales técnicas para lograrlo.

Si miras a Steve Jobs, Wozniak fue quien hizo el trabajo técnico. Si miras a Richard Branson, hasta hace poco no sabía leer un balance de cuentas. Y si miras a Trump, heredó el negocio inmobiliario de su padre. No hay evidencia que confirme que, para ser productivo y, en última instancia, exitoso, solo debes hacer aquello en lo que eres bueno o lo que te gusta hacer. Si te lo permites, puedes inspirarte con cualquier cosa.

Dilema del emprendedor

Esta es la diferencia clave entre cómo vemos los negocios que esperamos comenzar y la forma en que Bezos vio Amazon cuando comenzó. La gran mayoría de aquellos que tienen la idea de salir por sí solos piensan en lo que pueden hacer y ver si pueden aunar esfuerzos. Miran en lo que son buenos y esperan a que encaje con el mercado.

Todos los días, a las personas se les aconseja encontrar un nicho que aman para que lo hagan.

Para Bezos, vender libros fue una forma de aprovechar al máximo esta nueva tecnología que potencialmente podría permitir que una compañía (cualquiera) se acercara y tocara a todas las personas del planeta. Y para poder hacer eso, realmente quería venderle algo a cualquiera y todo a todos. Pero como con todas las mentes astutas y controladas, él sabía que no podía hacer eso el primer día. Entonces, escogió los libros, usó el producto perfecto para desarrollar la tecnología y la lanzó en nuevas áreas diferentes.

Hay varios rumores que dicen que solo estaba interesado en vender libros, y que el resto fue codicia. También está el otro lado de esa moneda, que dice que vio lo bien que le iba con los libros y quiso vender más. No. Sabía que quería vender todo, y aprovechó el Internet para hacerlo.

El comienzo

Bezos creó la compañía en julio de 1994 y comenzó sus rondas de capital ángel/de riesgo al mismo tiempo (de hecho, fue un poco antes). Calculó una valoración premoney de 6 millones que originalmente acabó siendo abundante para la mayoría de los inversores angelicales, pero Bezos se mantuvo firme en la mayoría de los casos. Hubo algunas personas estratégicas que estaban dispuestos a modificar la valoración de 6 millones a 5 millones. Pero él lo hizo con los ojos bien abiertos. Bezos tiene una racha obstinada que no se puede igualar fácilmente, y necesitas tenerla si también quieres hacer algo.

Si te dijera que los números ganadores de la lotería serán ABC123, ¿aceptarías algo más cuando fueras a hacer la compra? ¿Estarías firme con tus exigencias si el empleado te dijera que debes tomar otro número? ¿O si te dijera que la máquina no estaba funcionando? ¿No harías todo lo que está en tu poder para asegurarte de que esos sean los números? ¿Por qué? Porque si hacías ciertas cosas, estabas seguro del resultado; en este caso, comprar el boleto con ese número. No puedes ser persuadido y, por eso, puedes ser llamado obstinado. ¿Estabas siendo obstinado o solo estabas haciendo lo seguro? Así es como Bezos hace cada una de las decisiones que toma. Su certeza lo hace inflexible en lo que tiene que hacer y no acepta nada menos de nadie, y mucho menos de sí mismo.

Este es un tema recurrente en este libro porque también es un tema recurrente en su vida y en la forma en que Amazon se creó y continúa operando hoy en día.

Obstinado

Verás repetidamente lo obstinado que puede ser, pero su racha obstinada no nace de un ego desmedido. Está lejos de ahí. Su tendencia obstinada proviene de saber exactamente lo que quiere en cualquier momento del tiempo. Se impulsa por la imagen en su cabeza, y esa imagen dicta su capacidad para hacer lo que sea necesario en ese momento. Hay muchas personas de las que he oído hablar que denigran este tipo de comportamiento y dicen que él es cruel o no tiene paciencia. Dicen lo mismo sobre Steve Jobs e incluso Bill Gates.

Lo que tienes que entender de estos hombres es que no son groseros ni arrogantes a nivel personal; son intolerantes con las desviaciones en las acciones de hoy (o la falta de ellas) porque ven que la desviación de aquí causa una desviación en la imagen final que ven en su cabeza, y eso es inaceptable.

La mayoría de nosotros, los simples mortales, tenemos un vago sentido de la causa y efecto. Sabemos que, si tocamos el fuego, nos quemamos. Sabemos que, si comemos comida chatarra, nos enfermaremos. Entendemos el aspecto superficial de la causa y efecto, pero, en el caso de Bezos, es muy consciente de las cosas que tiene que hacer y sabe exactamente cómo hacer lo que se debe hacer para obtenerlo y, al final, se da cuenta de que los resultados son inevitables.

Él no nació con esa capacidad. Nadie lo hace. Quizás, parcialmente la tenemos y está innatamente disponible para nosotros, pero la mayor parte proviene de cometer errores. La mayor parte proviene de aprender a levantarte y volver a lo que estabas buscando. Bezos, al igual que los otros triunfadores en el mundo, valora las cicatrices de batalla que obtiene de sus errores.

Piensa en ello por un minuto en términos ligeramente diferentes. Digamos que sabías, sin lugar a dudas, que, si te emborrachas en la fiesta de Año Nuevo y hay una tormenta de nieve afuera, es muy probable que no llegues a casa. Algunos de nosotros evitamos esas oportunidades y lo dejamos a la suerte. Aquellos que hacen esto, lo hacen porque tienen una confianza que está lejos de ser óptima para el conocimiento de las cosas o le ceden el control a la "suerte". Los Bezos del mundo hacen su propia suerte y no ceden el control a nada, a nadie y, ciertamente, a nada arbitrario.

Saliendo al aire

Amazon abrió sus puertas en julio de 1995 y, desde entonces, ha crecido rápidamente sin mucha necesidad de la publicidad a gran escala, incluso desde sus primeras etapas. En aquel entonces, la sabiduría convencional le habría dicho que se requeriría una gran publicidad masiva; ahora es importante que pongas tu límite en 1995 para pensar en la sabiduría empresarial convencional de aquellos tiempos.

Si viste un negocio y dijiste que querías empezar, tu consultor de negocios sacará su plantilla y te preguntará a qué mercado te diriges; tanto en términos geográficos como demográficos. Si tuvieras el absoluto descaro para decirle que quieres venderle a todo Estados Unidos y al resto del mundo, él empacaría y te diría que estás loco. Eso es lo que implicaba hacer negocios en los días que precedieron a Amazon y al Internet.

Para aquellos de ustedes que no tengan experiencias directas con el mercado de capital de riesgo a principios de los 90, obtener fondos no era algo fácil para las compañías de tecnología; hay historias de burbujas tecnológicas, dinero barato y la locura de los años 90. El hecho de que tengas una idea no significa que tengas una inversión. Y a pesar de que las valoraciones de los 90 eran demasiado entusiastas, eran para las compañías de Internet y no para las librerías, que Amazon, para todos los efectos y propósitos, fue al principio.

La razón por la que expongo esto es para ilustrar la ferocidad de los vientos adversos que uno enfrentaría al tratar de ser tan ambicioso a los ojos de los ejecutivos del capital privado y del típico capitalista de riesgo. Es bueno que él fuera extremadamente amigable y que estuviera en el negocio; ya conocía a las personas que estaban dispuestas a escucharlo y prestarle atención.

Cuando Amazon empezó a despegar, incluso en las primeras etapas, y las infames historias sobre él golpeando una computadora portátil, trabajó duro en el plan de negocios mientras conducía de Texas a Washington, ya que trataba de recaudar el primer millón. Sin capital semilla, la idea no iba a ir a ninguna parte.

Discurso del inversionista

Cuando comenzó a hacer la presentación y hablar con capitalistas de riesgo, inversionistas angelicales e incluso compañías de capital privado, pronto quedó claro que era una batalla difícil. Hablaba de 6 millones en premoney (es la valoración de una compañía antes de considerar lo que esta podría hacer con la inversión). Entonces, eso significaba que buscar un millón de dólares requería tener la voluntad de desprenderse de una sexta parte de las acciones que poseía en ese momento.

Pero la única cosa que muchos de los inversionistas que conocieron a Bezos en ese momento dirían que él era un joven muy agradable. Pensaron que era tan listo como un látigo y tan entusiasmado como uno podría imaginarse. Donde ocurrió la división entre ellos fue en su opinión: hacia dónde estaba seguro de que iba Amazon, y su percepción de las cosas. En retrospectiva, él tenía razón.

Bueno, ambos tenían razón. Bezos sabía exactamente hacia dónde iba la compañía y qué debía hacerse para convertir en realidad su potencial. Lo que no sabía era cuánto dinero terminaría valiendo. Su perspectiva no se basaba tanto en el material tangible sino en el éxito intangible. Bezos no cometió el error que muchos cometen: confundir la recompensa y el dinero con el éxito. De hecho, el dinero y la recompensa son las características tangibles del éxito, pero, por sí mismos, no son un éxito; el logro subyacente lo es. Bezos siempre fue sobre el logro.

El camino de los inversionistas no fue tan agradable, así que terminó tomando la mayor parte de la semilla que necesitaba con sus amigos y familiares. Se dirigió a veinte de sus amigos y familiares, como verás más adelante, y recaudó 50,000 USD por pieza a cambio de menos del 1% de la compañía. Si hasta ahora se aferraran a eso, esos 50,000 USD valdrían 5 mil millones (en el transcurso de veinticuatro años, eso es 100,000 veces más). No creo que muchos de los inversionistas iniciales se quedaran por tanto tiempo. Después de todo, la compañía tuvo varios altibajos. Pero la comparación debería darte una idea del tipo de valor que Bezos extrajo de un negocio que comenzó en una cochera para dos autos, recibiendo y enviando libros desde una puerta vieja que usaban como mesa. Eso fue en 1995.

Para cuando llegó 1997, el año en que se hicieron públicos, este inesperado advenedizo contaba con 148 millones de dólares en ingresos. Para poner esto en contexto, las compañías principiantes promedio, si tienen ingresos, reciben entre 40,000 y 50,000 en los primeros años. 7 de cada 10 compañías llegan a su segundo aniversario, cinco de las primeras diez llegan a su quinta, tres hacen una década, y solo dos van más allá. Cuando pones esto en perspectiva, necesitas darte cuenta de que los 148 millones no eran poca cosa, pero no son la imagen completa porque, a este punto, solo eran ingresos y, a final de cuentas, todavía seguían en rojo, quemando la inversión original que habían recibido.

Tienes que ver esos números por lo que fueron. Bezos los veía como una reivindicación, pero también sabía que estaban lejos de haber comenzado; al menos en la visión que tenía en su propia mente. Puedes pensarlo de esta forma: los primeros años y cientos de millones en ingresos fueron realmente la forma de explicar la naturaleza del mercado que nadie había intentado comprender. Hubo un desplazamiento hacia el comercio electrónico, e incluso existía una librería que también había comenzado en línea, pero la diferencia entre esa librería y la de Amazon era que la primera librería sólo trataba sobre libros.

Querían vivir y respirar libros como Barnes and Noble en el mundo tradicional; sin embargo, Amazon acababa de empezar con los libros, pero no era su juego final.

***

Capítulo 2 - Conoce a Jeff Bezos

"Las personas que están en lo cierto la mayoría del tiempo son personas que cambian regularmente de opinión."

Amazon no trata sobre libros. No trata de un mercado, y no trata de comercialización. Sí, trata sobre todas esas cosas. Necesita hacerlo. Pero el Amazon que Bezos ve claramente en su cabeza trata sobre el uso de la tecnología para tocar los corazones y las mentes más alejadas; para cubrir la distancia y cultura, y usar la tecnología para hacerlo.

En este libro, tomaremos muchas situaciones reales y construiremos la historia de Amazon en conjunto con la de su fundador. ¿Por qué? Porque el verdadero entendimiento de un hombre no puede ser comprendido si solo estás mirando su creación. Verás la naturaleza meticulosa del hombre en el cuidado que realiza para suavizar los límites; verás su clarividencia en la previsión que aplica en su diseño; verás la empatía de un hombre en la forma en que su creación afecta al resto del mundo, y verás su genialidad en la forma en que aborda y resuelve los problemas que surgen inevitablemente en el camino del éxito. Incluso puedes ver la integridad del hombre en los errores que comete y la forma en que se recompensa.

Él lo dijo desde el primer día: Amazon está por vender todo a todo el mundo. Y lo decía en serio (ya has visto esa carita sonriente en el logo de Amazon. ¿Has notado que es una flecha que va de la A a la Z?). No fue accidental.

Cruzando el Hudson

Para cuando cruzó el Hudson desde Nueva York a Jersey, cuando se dirigía hacia Texas, ya había decidido que iba a establecer su negocio en Seattle debido a la estructura fiscal de allí para poder beneficiarse, ya que le vendía a todo el mundo. Nada de esto es accidental. Todo lo que le sucede a Bezos y su alrededor está redactado, pensado metódicamente y actuado con la certeza de un adivino que ha visto el futuro. La única diferencia es que Bezos no necesita ver el futuro; él sabe que sucederá porque se levanta y hace algo al respecto.

No es una característica exclusiva de Bezos. En mi búsqueda por comprender y hacer una crónica de los esfuerzos y hábitos de las personas exitosas, hay una serie de características que destacan constantemente en cada una de ellas. Cada una de las personas que estudié tenía esta característica en particular; todos conocían el futuro, todos sabían que la cadena de causa y efecto siempre era precisa, y sus principios involucraban nunca ceder. Sabían que la inspiración intangible y el esfuerzo tangible que generaban con constancia, ferocidad y certeza producían exactamente lo que imaginaban. Esa era la salsa secreta.

Piensa en Edison, Einstein, Newton y muchos más: sus logros cambiaron el mundo. No son diferentes de Bezos, Gates y Jobs. Todos tenían una visión que persiguieron y lograron.

Para Bezos, la única cosa que mostraba notablemente más que la mayoría era la claridad y certeza de su visión. Pero también estaba su inteligencia para descifrar lo que tenía que hacer, para después hacerlo.

Es como tener la inspiración para crear una nave espacial porque puedes ver claramente los beneficios. Después utilizas tu inteligencia y recursos para hacerlo realidad. Son dos cosas separadas: por un lado, inspiración; esfuerzo en el otro.

Puede que él no haya sido el primero en haber visto el uso del Internet para unir la brecha espacial entre comprador y vendedor, pero ciertamente fue una de las personas más resilientes, ingeniosas y entusiastas que lo hizo.

A finales de 2017, el mundo coronó a Jeff Bezos como el hombre más rico del planeta, basándose en el precio de las acciones de su compañía. En 2018, días antes de que se imprimiera este libro, su posición se solidificó aún más cuando los tabloides y observadores de Wall Street notaron que Jeff Bezos ahora era la persona más rica en la historia del planeta. Sus activos incluso superan los de Rockefeller, Carnegie, Astor, Gates y Buffett. No solo es el hombre más rico en comparación con todas las personas actuales: si incluyes a todos los ricos del pasado, también es más rico que ellos.

Recuerda, mencioné anteriormente que el propósito de este libro no es maravillarse ante la riqueza de un hombre, sino comprender la riqueza de su alma; la razón por la que ha llegado hasta este punto, junto con las contribuciones que hizo. Y, además, entender que ha tocado un sin fin de vidas a lo largo del tiempo.

Para aquellos que no conozcan a Bezos y de dónde proviene su riqueza, Amazon solo es el comienzo del próximo capítulo. Wall Street no ve el cálculo actual de 700 mil millones como un punto de inflexión. Por cierto, mi opinión sobre el stock no es ni debe tomarse como asesoramiento de inversión o promoción de acciones: estoy hablando de Amazon en el contexto de Jeff Bezos y de lo bien que se ha beneficiado desde hace 23 años. Debes hablar con tu corredor o asesor de inversiones si planeas realizar alguna inversión. Lo mismo aplica a cualquiera de los otros titanes de la industria.

Hasta este punto, los primeros capítulos están realmente diseñados para colocar la mampostería para lo que viene después. Construiremos el resto del libro sobre los cómo y por qué, y el razonamiento, para que nos dé algo que emular en lugar mirar algo vacío.

Algunas de las compañías más exitosas en las que puedes pensar, como Google (Alphabet Inc.), Apple, Microsoft y Alibaba tienen límites de mercado (el valor total de todas sus acciones al precio actual de las acciones) de 770 mil millones, 824 mil millones, 710 mil millones y 480 mil millones de dólares respectivamente; Amazon tiene 700 mil millones. Eso lo pone en contexto junto con los otros grandes nombres, pero lo que es más interesante es que esas mismas cinco compañías, Google, Apple, Microsoft, Alibaba y Amazon cuentan una historia diferente con respecto a las proporciones del capital privado. Ahora, recuerda que esto no se trata de comparar si uno es mejor que el otro o si Amazon es mejor o peor que los demás. Muestra el valor de la empresa y si está concentrado o no. Las proporciones de capital privado solo expresan una relación entre el precio de las acciones y las ganancias más recientes que han experimentado. Entonces, digamos que tienes una empresa XYZ que gana un dólar por acción y el precio de la acción es de 10 dólares, por lo tanto, existe una proporción de capital privado de 10 y tiene un precio diez veces mayor a sus ganancias. Puedes darte cuenta de que, si el mercado cree que esta compañía tiene mucho potencial y que ganará mucho más en el futuro, el precio de las acciones se incrementará y, dado que no se alcancen las ganancias, el capital privado aumentará. Si creo que todo lo que la compañía tiene para ofrecer solo está en la actualidad, entonces el precio de mis acciones estará mucho más cerca de casa. Google vende sus acciones 37 veces; Alibaba, 46 veces; Apple, 17 veces; Microsoft, 62 veces; y Amazon, 230 veces.

Que sea infravalorado o sobrevalorado, no es el punto. Lo que sí es que el precio de las acciones refleja una empresa que está siendo impulsada por el futuro, como lo ha estado diciendo Jeff Bezos desde el primer día. Él no es el tipo de persona que sacrifica el futuro solo para tener alguna forma de estabilidad en el presente. Cuando se mantuvo firme con su valoración de seis millones de dólares, casi todas las personas con las que habló en la comunidad de capital riesgo dijeron que era excesivamente alta. En ese momento, el problema era obvio. No podían dejar de verlo como un minorista de libros, y una startup que estaba años atrás de Barnes and Nobles, Waldenbooks y otras empresas en el mundo. Nadie podía ver la verdadera naturaleza de la visión que tenía Bezos, pero eso no lo detuvo. No retrocedió y repensó su plan. Por una parte, no lo haría; por la otra, Mackenzie no lo permitiría.

Lo que empezó como una fachada electrónica para vender libros durante los primeros días del Internet, catapultó a una de las plataformas de venta minorista en línea más grandes del mundo, cambiando la forma en que cada consumidor piensa sobre el consumismo y cómo cada minorista, fabricante y propietario de negocio piensa en el ecosistema comercial.

Bezos fue ciertamente inteligente cuando era niño, pero, a medida que se desarrolle el libro, te darás cuenta de que su inteligencia, o como algunos lo llaman, su "factor friki", no es el único elemento en la base de su éxito. Claro, jugó un papel, pero solo fue una faceta de una vida multifacética que construyó, respiró y vivió. No fue solo la visión que tuvo o el impulso que le dio. También eran las cosas que tenía que hacer para lograr que el público adoptara una forma completamente nueva de hacer las cosas. Su capacidad para tener una visión, cambiar y envolver la realidad alrededor de los demás (para que ellos también la vean) es un aspecto legendario de Bezos. ¿De qué otro modo convencerías a los expertos en tecnología para que se vayan de California y lleguen a Washington a trabajar en una cochera de una startup? ¿De qué otra forma convencerías a la gente para que te compre? ¿De qué otra forma conseguirías que un grupo de personas invirtiera un millón de dólares? ¿De qué otro modo conseguirías que los expertos en finanzas, como Joy Covey, migren hacia el oeste para encabezar el proceso de IPO?

El porqué está en su naturaleza y personalidad efervescente: esa risa famosa, su modo de andar único y su habilidad total para concentrarse en quienquiera que esté hablando con él. Aunque, en estos días, realmente no puedes decir eso, ya que parece que está llevando el peso del mundo. Pero en aquel entonces, era gregario, afable e inteligente sin ser un sabelotodo. La gente que lo conocía le gustaba y tenía confianza en él. Así es como convenció por su cuenta a casi dos docenas de personas para que se deshicieran de un millón de dólares a cambio de una sexta parte de una compañía que vendía libros sobre algo llamado Internet.

Tengo que aprovechar esto para realmente hacer la gravedad del punto de su afabilidad y credibilidad. Uno de los primeros inversores angelicales en unirse fue un grupo de inversión que estaba compuesto por unos cuantos amigos que no tenían idea de qué era el Internet. Claro, para nosotros, el Internet de hoy es algo omnipresente, y no pensamos en las compras en línea. El mes pasado, mi familia compró casi todos nuestros artículos regulares en línea. Hace un cuarto de siglo, no había mucho que pudieras obtener ahí ya que la tecnología web era naciente. Parecía ser una extensión de una tienda de pedidos por correo. Si le dijeras a alguien que era una tienda de pedidos por correo, lo entendería. Ese alguien sabía que habías recogido un catálogo, marcado un número gratuito y luego hecho tu compra. Esos eran los términos que entendían.

El comercio electrónico complicó las cosas. Para hacer lo mismo, ahora necesitas una computadora, y necesitas asegurarte de tener un módem, y tienes que asegurarte de tener servicio de Internet. Por lo tanto, para alguien que sabía sobre los pedidos por catálogo, esto representaba un problema. Un comprador necesitaría tanta infraestructura para poder ser parte de la revolución del comercio electrónico. En 1994, Estados Unidos gastó más de 60 mil millones de dólares en productos pedidos por correo. La primera venta del comercio electrónico, donde el artículo fue comprado en línea, fue un CD de Sting (para la generación más joven, los Millennials, Sting es un artista y un CD es la forma en la que solíamos almacenar música). Eso sucedió en 1994, justo cuando Amazon se estaba preparando para saltar a la plataforma de comercio electrónico.

Ya que el comercio electrónico solo complicó las compras por catálogo, debió haber habido algo que pudo hacer que pareciera rentable; como si alguien fue el que pudo resolver la inherente resistencia al adoptar nuevas tecnologías. Bezos finalmente tuvo que descubrir cómo hacerlo funcionar. Y lo hizo. Si visitas el campus de Amazon que está en el centro de Seattle, la placa que cuelga allí te hace comprender su perspectiva: 25 años después, él todavía piensa que el Internet y su enorme tecnología son solo el comienzo. Su visión prospectiva y capacidad de convertir eso en dólares son la razón por la cual Amazon disfruta de un múltiplo de 230 veces en el precio de las acciones.

Entonces, para aquellos que pensaban que era una decisión fácil realizar compras en línea (piénsalo de nuevo), no existía, y su competidor existente era por correo. Para tomar eso y tratar de convencer a alguien de desprenderse del dinero como si fuera una inversión fue una batalla difícil. A Bezos, le tomó un año intentar convencer a amigos, familiares y extraños para que aportaran el dinero. Hubo dos tipos de retos. Tenía que explicar qué era el Internet y cómo podía ser rentable. Este es el grupo de personas que tenían el mismo marco de referencia que sus padres. No tenían idea de qué era esto, pero confiaban en él. El segundo grupo era del tipo que entendía el Internet, pero no estaba de acuerdo con la "rica" valoración. Tenía que manejar ambos, y tenía que hacerlo juntos.

Su rica valoración no era parte del material de los sueños. Entendió claramente que el Internet cambiaría la forma en que funcionaba el mundo minorista. Permitiría mayores eficiencias y costos reducidos. Su plan de negocios tomó la mayor parte de esto en consideración, pero no del todo. Actualmente, existen varias tecnologías que Amazon usa que aún no estaban disponibles cuando empezaron. Pero, aun así, la interconectividad en bruto del Internet fue suficiente para que Bezos se diera cuenta de que las importantes economías de escala y el costo reducido tenían el efecto de cambiar el paradigma minorista, mejorando y reduciendo la brecha entre las ventas por catálogo y las compras tradicionales.

Fue muy consciente de que el comercio minorista en línea tenía una enorme tarea por delante. Tuvo que recurrir a las compras por correo que dependían de los catálogos impresos, las promociones de televisión y los infomerciales con los productos relativamente estáticos que inicialmente tendría la tienda en línea. Pero lo que fue hecho para los libros de compra impulsiva (que no podían incluirse de forma viable en un catálogo impreso porque daría lugar a un enorme volumen de información), demostró ser más grande que el directorio telefónico de Nueva York.

A medida que vayamos pelando este libro, nos adentraremos en los factores que contribuyeron a todo esto, pero pondremos un distintivo en este factor ya que es un tema importante en su vida, en la forma en que se ve a sí mismo, y en la manera en que percibe el mundo a su alrededor y coloca su lugar en él.

También, uno de los factores cegadores para comprender a Bezos es la razón por la que hablamos de él. Es cegador porque la riqueza que describe al hombre no define sus habilidades y su carácter. Es cegador porque la riqueza resulta en publicidad, y la difusión de la conciencia pública le otorga un estatus de celebridad. Como pasa con la adulación de las celebridades, la persona se convierte en lo que el nombre simboliza y la fantasía oscurece a la esencia. Al planear y escribir este libro, conscientemente me he esforzado para evitar ese inadvertido paso en falso.

Bezos es un hombre duro. Él es duro con los hechos y resultados. Está extremadamente concentrado y cree en el poder del pensamiento. También cree que, si no estás pensando, no podrás resolver el problema que necesita una solución, y es despiadado con esto.

Existen numerosas anécdotas de personas que han escuchado las historias de su temperamento y, naturalmente, asignan que su comportamiento es arrogante. Es comprensible parecer arrogante cuando uno está concentrado o, parecer abrupto cuando uno tiene prisa. Bezos es ambas cosas. Está enfocado y tiene prisa. No está entregado a las sutilezas y no se permite estar con otras personas que no están a la altura de su conversación.

Entiendo esa cualidad demasiado bien. Lo vi todos los días de mi niñez, al crecer con mi padre. Lo que solía volverme loco era su incapacidad constante para aceptar la más mínima falta en los demás, especialmente en mí. Pero a medida que fui creciendo, comprendí que hay dos tipos de arrogancia en este mundo. Una es la arrogancia que trata de exhibir e inculcar quién es el jefe, por el bien del ego. El otro parece arrogante porque solo exige lo mejor. ¿Quieres saber cómo diferenciarla? Lo reconocerás si también exigen lo mejor de ellos mismos. Si solo gritan y gritan a los demás, pero no se aplican consigo mismos, entonces esa es la falsa capacidad y la verdadera arrogancia. No obstante, si exigen lo mejor de ti y no menos de ellos mismos, entonces puedes entender que la arrogancia aparente viene de la tenacidad para terminar las tareas y trabajos. Resulta que, no solo mi padre exigió lo mejor de mí, sino que exigió aún más de sí mismo, y veo ese mismo calibre de demandas en todo lo que hace Bezos.

Viendo profundamente

Para entender el éxito del hombre, necesitamos verlo tal como es y, aunque sus premios e ingresos son parte de eso, no lo son todo. Ciertamente, esa riqueza no está cargada, sino que llega al final de las elecciones, decisiones, fracasos, esfuerzo, dolor y persecución incesante. Estas son las cosas que hicieron al hombre. Eso es lo que queremos aprender. Pero puedo entender que hay un fervor increíblemente curioso que, en este momento, está repercutiendo en el público lector y todos quieren saber cuál fue la salsa secreta en la hamburguesa del dinero. Lo entiendo. Pero sucede que no existe una fórmula secreta que puedas seguir como un libro de recetas para lograr que la salsa tenga la misma textura, sabor y consistencia. Necesitas una réplica del interior, inspiración externa del universo, y proporciones hercúleas de sudor y trabajo. Y lo estoy poniendo de forma simple. Sin embargo, el diablo está en los detalles y en cómo los miras, que es lo que estamos haciendo aquí. Pero antes de que podamos verlo de esa manera, debemos sacar la osadía del camino.

Cuando nos deshacemos de todo lo ostentoso, entonces podremos mirarlo a él, y a sus decisiones y acciones, sin tener la distracción de las distracciones.

Mirando más allá de la riqueza

Lo entiendo. No es fácil comprender la riqueza de doce dígitos mientras lidiamos con los diversos desafíos financieros y las prioridades que tenemos que enfrentar porque no todo lo que deseamos obtener puede caber dentro de nuestros ingresos de cinco, seis o incluso siete dígitos. Casi se siente como ponerle sal a una herida. Pero debes dejar pasar ese dolor. Debes dejar que se sienta esa quemadura y luego debes levantarte y hacer algo al respecto. Lo que no debes hacer es distraerte.

Estamos tan inundados por los billones y trillones en los mercados financieros mundiales que la mayoría de nosotros en esta generación puede ser inmune e indiferente a lo que cien mil millones representa. Hay muchas formas en que podemos cortar eso. Cien mil millones de dólares tiene un poder adquisitivo significativo. Podrías hacer casi cualquier cosa con eso. Si la comparamos con los países individuales del mundo, su riqueza es mayor a ⅔. ¿Cómo es el tamaño? Ya no estamos hablando de la posibilidad de comprar vehículos de alta gama o mansiones increíblemente grandes. En realidad, esta cantidad de riqueza es inútil cuando la ves en términos de lo que puedes comprar para tu consumo personal.

Después de todo, ¿cuántos automóviles puedes manejar al mismo tiempo para ir trabajar? Uno, ¿cierto? ¿En cuántas camas puedes dormir cada noche? Una, como tú y yo. ¿Cuántas veces puedes ir de compras en un día? Como dijo Warren Buffett en una entrevista reciente, "el dinero ya no tiene ninguna utilidad para mí". Cuando tienes tanto, termina siendo inútil en el sentido materialista de la mentalidad del consumidor.

Recuerdo haber comprado mi tercer vehículo con la idea de que sería divertido hacer un cambio de automóvil, además de encontrar algo que pudiera conducir por placer. Después de tres años, solo había manejado uno de ellos dos veces. El automóvil se deterioró por el uso poco frecuente. Lo mismo ocurre cuando compras demasiadas manzanas: lo que no comes, se pudre. Como seres humanos, solo necesitamos una cierta cantidad para sobrevivir, un poco más para prosperar y cualquier cosa después de eso se convierte en una distracción. Necesitamos dejarles un poco a nuestros hijos, para que tengan algo con que sustentarse. Pero eso es todo. Cada dólar por encima de eso no tiene sentido. Solo el hombre que no tiene nada cree que la respuesta es tener miles de millones. No lo es. De hecho, si no tienes cuidado, perderás tu alma.

Entonces, ¿cómo le das sentido a toda esta riqueza?

El objetivo de nuestro asombro ante 12 dígitos no debe involucrar cuántas mansiones podemos comprar, sino la cantidad de impacto que se ha logrado para poder acumular esa cantidad de riqueza. Piensa en eso como un juego de baloncesto. Los puntos en el tablero no significan nada por sí mismos, pero representan los logros individuales que el equipo tuvo que hacer desde un extremo de la cancha y para anotar en el otro. Eso es lo que representa la riqueza de doce dígitos: es una medida que Bezos tuvo que resolver, contrarrestar e innovar para poder llevar a Amazon a donde está ahora. ¿Qué tan fácil es tu vida ahora que puedes conectarte y obtener lo que necesitas?

¿Qué tan fácil es tu vida que ahora puedes encontrar cosas que no podías encontrar en la tienda de tu vecindario? ¿Cuántas personas han convertido su tienda local en millonaria? ¿Eh? Así es, ya me leíste. Mi pregunta es, ¿cuántas personas tiene tu tienda local (aquellos que se preocupan de que la tienda cerrará debido a Amazon) se convirtieron en millonarios? Ninguna. ¿Sabes cuántos propietarios se han convertido en millonarios al vender a través de Amazon? Demasiados. ¿Alguna vez has oído hablar del programa Amazon FBA que se le ocurrió a Bezos? Deberías checarlo (está en el capítulo 5). Quién sabe, tal vez puedas encontrar una idea para hacer una nueva compañía.

De regreso a Bezos.

Mantén el juicio

Lo que me interesa es entender lo que hace el hombre para hacer negocios, y creo que eso me da las herramientas que necesito para explorar una mejor vida para mí. Quiero ver el juego, así que ya sé cómo se hicieron las canastas. Mirar los puntos no me sirve. No me puedo llevar los puntos a casa, pero puedo aprender cómo marcar viendo el juego. ¿Ves a lo que me estoy refiriendo?

Aparte de ser moralmente insolvente y éticamente indiferente, nuestros métodos para llegar a tales alturas no deberían sorprender al repasar nuestras propias sutilezas utópicas.

Prepárate para romper algunos huevos en el camino, y no te opongas ante cualquiera que no tenga escrúpulos para romper huevos mientras se abre paso en la lista de Forbes. He escuchado los comentarios y leído el juicio moralista y burlón en contra de las personas como Gates, Bezos, Jobs y otros más. Cualquiera que sea su argumento, no tiene espacio en este libro. No por adulación o adoración, sino porque es difícil aprender de alguien cuando lo juzgamos negativamente. Y el objetivo de esta y cualquier biografía sobre ese tema, es aprender sobre esa persona, para que de alguna manera podamos encontrar el secreto del éxito.

El *quantum* de su riqueza, aunque es estupendo, debe analizarse en el contexto correcto. Cuando se ve como tal, deja de ser un beneficio para él y atraviesa este libro para convertirse también en el tuyo.

***

Capítulo 3 - El Joven en una Misión

"Por el amor de Dios, si nunca quieres ser criticado, nunca hagas nada nuevo."

Bezos nació de una madre adolescente llamada Jacklyn Gise (la hija de Pop) y su novio, que apenas era unos cuantos años mayor que ella. Era 1964 y estaban en Albuquerque, Nuevo México. Esa relación no funcionó y, dado que este libro trata más sobre Jeff Bezos que sobre su madre, no vamos a dejarnos atrapar por su relación con el padre biológico del joven Bezos.

Después de dejar al padre biológico de Bezos, Jacklyn finalmente se casó con un inmigrante cubano de ascendencia española que llegó a los Estados Unidos a los 15 años.

Peter Pan

Miguel Bezos fue parte de la Operación Peter Pan (o la Operación Pedro Pan). La Operación Peter Pan se llevó a cabo en el período de interregno cuando Batista dejó Cuba hasta que Castro ingresó. Hubo un tiempo en que los Estados Unidos aceptaron a los niños que querían venir a los Estados Unidos y lo hicieron por unos cuantos meses. Los niños fueron trasladados en avión desde el aeropuerto de La Habana en varios vuelos diarios y llevados a Estados Unidos para comenzar una nueva vida. Fueron alojados en Florida en albergues temporales que fueron creados para ellos y eventualmente lograron hacer sus propias vidas en todo Estados Unidos. Esto sucedió entre 1960 y 1962. Durante ese tiempo, se trajeron 14,000 niños. Miguel fue uno de ellos.

Fue un momento extremadamente difícil para todos aquellos niños que fueron separados de sus padres.

Miguel finalmente fue a la escuela, se graduó de la Universidad de Nuevo México y se fue a trabajar a Exxon como ingeniero. Miguel Bezos se casó con Jacklyn cuando el pequeño Jeff tenía apenas cuatro años y lo adoptó oficialmente, cambiándole el nombre de Jeff por Jeffrey Preston Bezos.

La familia Bezos se mudó a Houston, donde el joven Bezos pasó la mayor parte de sus años formativos bajo una relación cercana con su padre adoptivo. Después de Pops, Miguel fue la siguiente gran influencia en su vida. Con los años, Miguel y Jeff siguieron siendo cercanos, y este jugó un papel muy importante en el desarrollo y ética de trabajo de este inteligente joven. Entre los dos hombres más grandes en la vida de Bezos, es difícil decir quién tuvo más influencia, pero eso no importa realmente porque ambos le dieron un buen equilibrio. Mientras que Miguel (alias Mike) vino de Cuba y trabajó arduamente para obtener una educación y construir su carrera, Pops provenía de una línea de colonos y, a lo largo de los años y a través de las generaciones, la familia compró tierras y siguió ampliando su rancho. Bajo Pops, la tierra saludable era de 25,000 acres ubicados en Texas. Pops (también conocido como Lawrence Preston Gise) fue el Director Regional de la Comisión de Energía Atómica de EE.UU. Y era un hombre de ciencia. La tecnología de la ciencia, causa y efecto, resiliencia e ingenio fueron las palabras y la actitud que surgieron de Mike y Pops, y pasaron directamente al pequeño Jeff. Sólo era el principio.

La curiosidad natural de Bezos y su cercanía con su abuelo provocaron una consecuencia natural de adaptación a la ciencia desde una edad temprana. Desde la ciencia, el salto a las computadoras no fue una posibilidad remota y, con la guía de su abuelo, el interés de Bezos por las computadoras, la electrónica y la ciencia formaron rápidamente el núcleo de su carácter e intereses. Su sueño de conocer el espacio y el viaje espacial fue realizado cuando asistió al Campamento Espacial Huntsville de la NASA.

Con su abuelo por un lado, y su padre Mike, por el otro, Bezos estaba marinado en ciencia y tecnología. Esto lo hizo menos temeroso de los avances en la ciencia, y entendió, en la misma estructura de su ser, que la ciencia era una forma de avanzar el mejoramiento humano: desde la forma en que vivimos hasta la forma en que conducimos la vida, la tecnología estaba allí para mejorar la calidad de nuestra existencia y para avanzar en la forma en que organizamos todas nuestras sociedades, facilitamos las relaciones y experimentamos todo lo que la vida tiene para ofrecer.

Los dos hombres le impartieron un sentido de aventura en la ciencia, que casi al instante se enraizó. Como mencioné anteriormente, él convertiría la aspiradora de la casa en un aerodeslizador. Tan intrigante como suena, y tan adorable como parece, lo que se me ocurre es que inventar cosas y nuevos caminos solo era la forma en que funcionaba su mente. Cuando combinas esos atributos con una mente naturalmente inquisitiva, tendrás como resultado una persona que realmente cambia el mundo.

A medida que su personalidad se desarrollaba, muchas de las actitudes y gestos que se ven en Bezos hoy en día ya habían surgido en él desde niño. Él no era alguien que se anduviera con rodeos o perdiera el tiempo con sutilezas. De lo que puedes estar seguro con respecto a Bezos es que él dice lo que piensa y, si no tienes nada que esconder, y tienes todo el interés de obtener una opinión honesta, entonces no te importará lo que sea que te diga. ¿Por qué? Porque te lo dirá tal y como es.

Es posible que hayas escuchado historias y leído las anécdotas que salpican la web, junto con los tabloides que hablan sobre cómo puede ser tan malo con las personas que trabajan con él y para él. Tienes que dejar todo eso de lado y ver de dónde viene. Es un tipo que siempre se ha mantenido a un nivel muy alto. Es un tipo que ha trabajado sin parar, tanto mental como físicamente. Y todo lo que él espera es que todos aquellos que contrata hagan lo mismo. Cuando no lo hacen, su respuesta es natural: no es mala, solo es directa. Bezos no sabe cómo ser malo, y no tiene tiempo para ser amable. Solo quiere transmitir el mensaje, y con el tiempo y por instintos naturales, ha aprendido que la mayoría de las personas recuerda, no siendo estúpidos cuando les gritas.

¿Alguna vez escuchaste el dicho "los chicos buenos terminan al último"? Hay una razón para eso, porque los chicos buenos no son buenos en absoluto. Ellos son recatados. Su naturaleza tiene en sus raíces muchas inseguridades y lealtades perdidas. Desde la perspectiva de ser un buen tipo, Bezos falla miserablemente. Sin embargo, él es una buena persona; alguien que te gustaría tener de tu lado, independientemente de su riqueza. No ser un buen tipo solo demuestra el nivel de confianza que tiene en su propia visión. Cuando tenía 18 años, tenía una aversión por los cigarrillos y entendía los efectos de ello. Bezos no necesariamente es un aficionado a la salud, pero toma su salud en serio, y piensa que la salud es uno de los factores más importantes en el camino del éxito de una persona. Su lógica es simple. Para tener éxito, primero tienes que estar vivo, y para trabajar para el éxito no tienes que tener distracciones, y los problemas de salud se convierten en distracciones importantes. Los cigarrillos provocan problemas de salud, por lo que no tiene tiempo para ellos.

Cuando era un niño, ya había formado su opinión sobre el tabaquismo y trató de transmitir eso a su abuela que era fumadora, pero su entusiasmo y seriedad en el asunto, que puede parecer desagradable y difícil, hicieron que su abuela llorara, en lugar de llamar su atención.

No era algo que esperaba, pero tampoco era algo que disfrutaba ya que amaba tremendamente a su abuela. Bezos recuerda la lección que su abuelo le transmitió suavemente a raíz de ese incidente: "Jeff, un día entenderás que es más difícil ser amable que ser inteligente."

Aparentemente, todavía tiene ese 'problema' porque la definición de clase en la sociedad y su impulso parecen llegar a un punto cada vez que se encuentran. Él no parece tener tiempo para jugar o ser amable, pero esto no significa un daño o mal para la persona; simplemente, no tiene el tiempo.

Al entenderlo y a sus costumbres, me tomó un tiempo reconciliarlo y ponerlo sobre el éxito que ha logrado. Lo que encontré es que no ser amable y su éxito están íntimamente relacionados. Dejando de lado todo lo relacionado con 'los chicos buenos terminan al último', tienes que entender que la oportunidad no te espera cuando pisas suavemente un obstáculo. Tienes que abrirte camino, y lo digo literalmente y en sentido figurado. Me vienen a la mente muchos clichés como "el tiempo es dinero", etc. Pero las acciones que toma Bezos son deliberadas y bien planificadas. Todo lo que necesita es pensar cómo ejecutar ese plan y luego lo hace. Ciertamente lo aprendió de Pops y Mike.

Vida de rancho

Bezos pasó sus primeros años entre la casa de la familia en Houston y el rancho de sus abuelos en Cotulla, a 80 millas al sur de San Antonio, donde operaba equipos y toros castrados; esta fue una de las muchas cosas que hizo Pops en el rancho, en vez de buscar a un experto. El hacer cosas por ti mismo debe haber sido una experiencia increíble.

Yo ni siquiera puedo cortar el césped.

Entre los 4 y 16 años, Bezos pasó la mayoría de sus veranos con su abuelo; estuvo ocupado trabajando en la granja y entreteniéndose con la gaveta de herramientas. Ese lado mecánico fue algo que tuvo incluso cuando era un niño. Hay una historia sobre él en los archivos que habla sobre cómo utilizó un destornillador para desarmar su cuna cuando solo era un niño pequeño.

Recursos

Mackenzie, su esposa desde hace 25 años, lo ve como una ventaja porque no tuvo problemas en dejar que sus hijos, incluso cuando tenían menos de diez años, manejaran herramientas eléctricas. Según ellos, preferirían vivir con un niño que perdió un dedo que con un niño que no sabe cómo ser ingenioso. No sé si tenga la misma opinión en lo que respecta a mis hijos, y tal vez este sea un área con la que estaría en desacuerdo, pero veo el mérito.

Lo que creo que debo contar sobre todo esto es que, en el silencio de su meditación y el reflejo de su mente, así como en el recuento de sus esfuerzos, los Bezos realmente le atribuyen una gran parte de sus habilidades y sus logros a ser ingeniosos, y quieren asegurarse de que sus cuatro hijos no se lo pierdan.

Inclusive, puedes notar que el propio Bezos y Mackenzie coinciden en muchas cosas. No puedes olvidar que ella ha tenido una visión cercana a todo el drama de Amazon que se desarrolló un año después de casarse. Ella también ha sido una influencia fundamental sin precedentes y un sólido apoyo para el hombre que enfrentó muchos problemas cruciales y críticos durante el desarrollo de Amazon.

Además, solo puedo imaginarme la conversación que debieron haber tenido en el auto mientras conducían desde Nueva York a Seattle.

Volvamos a sus días de juventud.

Los años vergonzosos

Podrías decir que este niño, que le fue bien en las ferias y proyectos de ciencia, era el tipo de niño que jugaba con los dispositivos electrónicos que pudiera encontrar y las herramientas que hubiera por ahí. Con Pop siendo tan hábil en la granja, y Mike, que había hecho una carrera en ingeniería, él estaba rodeado de hombres que eran buenos con sus manos y estaban inclinados hacia la mecánica.

A partir de los nueve años, Bezos jugaba con aparatos electrónicos. Le encantaba la forma en que los componentes electrónicos podían calcularse y predecirse, y luego, eventualmente y a medida que se volvían más sofisticados, incluso pudo programar los elementos electrónicos con los que alguna vez jugó en el pasado. También logró construir un sistema electrónico de acceso/rechazo en su habitación para que su hermano y hermana no pudieran entrar cuando no estaba cerca. Ciertamente le gustaba su privacidad incluso desde temprana edad, y hay miles de artículos que dicen que él es un amante de la privacidad. Estoy seguro de que toda la atención que recibe de los medios es la única desventaja que ve en el aumento de su patrimonio neto.

Entre otras cosas que inventó, junto con la alarma de intrusión, fue un aparato de cocina que trabajaba con energía solar, una aproximación de un vehículo volador, y numerosos intentos de un robot (hablaremos sobre esto más adelante). Es curioso cómo nuestra juventud influye en nuestra adultez. Todo con lo que jugó cuando era niño, ahora lo hace como adulto. Amazon no solo usa robots (hay más de 15,000 en los almacenes de Amazon), incluso construye vehículos espaciales para viajar en Blue Origin.

Era de las computadoras

Llegó a su adolescencia justo cuando las computadoras estaban golpeando la conciencia colectiva del país. El DOS de Bill Gates y las PC de IBM llegaron a las tiendas en 1981, justo cuando

Bezos cumplió 16. Por supuesto, el Internet no estaba nada cerca del ojo público, pero el uso de servidores pesados y grandes computadoras conectadas directamente entre sí mediante líneas telefónicas ya estaban funcionando.

En el bachillerato, Bezos comenzó a aprender sobre las computadoras centrales, y sucedió que había una compañía en la ciudad que había donado su tiempo central a la escuela. Nadie en la escuela sintió que supieran algo al respecto, por lo que Bezos sacó el manual y, con un par de amigos, comenzó a trabajar en él. Su naturaleza industriosa también fue lo que le permitió avanzar. Lo único que no le gustaba era el trabajo rutinario.

Rutina vs. Razonamiento

Por supuesto, alguien tenía que hacerlo, y Dios bendiga a los que sí lo hacen, pero cuando se trata de Bezos, él no podía hacer las cosas que cayeran dentro de la categoría del salario mínimo. Sentía fuertemente que era una pérdida de capacidad intelectual y tiempo. Cuando estuvo un verano en el bachillerato, en lugar de ir al rancho de Pop, consiguió un trabajo de medio tiempo en McDonald's y odiaba cada minuto rutinarios.

A los pocos días renunció y empezó un campamento de verano de 10 días donde cobraba 600 USD por niño; era para niños del 4to, 5to y 6to grado. Fue llamado Dream Institute. Dream significaba Directed REAsoning. Dos de los seis que se inscribieron fueron su hermano Mark y su hermana Christina. Es bastante interesante que considerara que el razonamiento fuera una habilidad que necesitaba ser enseñada y que era algo que los padres debían considerar para que sus hijos asistieran. 600 dólares en los años 70 era bastante dinero.

Cuando observas el concepto central del campamento, te da una pequeña idea de cómo piensa: razonando. Sus poderes de razonamiento son superiores a los de la mayoría, y esa es la forma en que llegó a los números de valoración que hizo y la razón por la que los iniciales inversionistas aceptaron.

Cuando hizo la segunda ronda de financiamiento (esta vez por 8 millones de dólares), tenía dos firmas de capital privado altamente calificadas dispuestas a participar. Él decidió quién invertiría, y fue Kleiner Perkins, ahora conocido como Kleiner, Perkins, Caufield y Byers. Al final, su razonamiento e inspiración fueron las razones por las que fue capaz de construir la compañía, hasta el punto de facilitar una segunda ronda de financiamiento, mucho antes de su salida a bolsa, justo al año siguiente.

No solo su capacidad de razonamiento lo convierte en un poderoso negociador, sino que también lo convierte en un poderoso solucionador de problemas.

Volviendo a ese verano.

Como parte de su curso, ofreció literatura y ciencia. Para la lectura, se les asignaron partes de *El Señor de los Anillos, Dune, El Príncipe de los Conejos, Camelot, Forastero en Tierra Extraña, Azabache, Los Viajes de Gulliver, La Isla del Tesoro, Nuestro Pueblo, La Casamentera y David Copperfield.*

El componente científico incluyó el viaje espacial y el uso de combustibles fósiles, generadores de fisión y otras invenciones prospectivas. Las cartas que obtuvieron todos los padres de ese año decían que "los programas enfatizaban el uso de nuevas formas de pensar en áreas antiguas". Es gracioso saber que eso es exactamente lo que es Amazon: pedidos por correo usando computadoras.

Como dije, podemos ver la silueta de un hombre cuando ves al niño. Y ciertamente puedes ver las visiones que podría realizar con toda la inteligencia y esfuerzo. No tenía miedo de hacer un pequeño ajetreo, y no tenía miedo de hacer que su mente y respaldo estuvieran a la altura. Simplemente no quería pasar su tiempo haciendo cosas banales sin tener la perspectiva de un futuro.

Lo que se vuelve evidente al examinar el catálogo de eventos, ideas y decepciones en su vida, es que él tiene una ética de trabajo que no se encuentra fácilmente en otros lugares; ni siquiera en los corredores de las Ivy Leagues ni en las torres de Wall Street. La ética de trabajo que cultivó y realizó le permitió trabajar a través de los detalles y ver a través de las protuberancias. No hay otra manera de llegar a la cima. No hay paradas ni pausas. No hay tiempo.

Modelos a seguir

Cuando quieras entender las motivaciones de un hombre, deberías ver su(s) modelo (s) a seguir cuando era un niño. La única cosa que la mayoría de los hombres no se dan cuenta es que todos vemos a nuestros modelos cuando somos niños, y la tenacidad con que lo hacemos está debajo de la superficie, sin embargo, es extremadamente poderosa. Aquellos que aún tenemos padres que vemos regularmente, te darás cuenta de que solemos apegarnos a cada acción, palabra y estilo que podemos, y lo imitamos como una guía. Eso es interno; todos aprendemos imitando.

Los niños de familias monoparentales asumen una gran parte de la fuerza y empatía innata de su madre. Para algunos, la guía proviene de la televisión, amigos, familiares, etc. De donde sea que venga, lo único que debes saber es que tiene que venir de algún lado. Para Bezos, vino de su abuelo y su padre.

El desarrollo de un hombre se narra mejor con las anécdotas de su vida. Pero no todo se puede narrar, porque lo banal puede oscurecer lo necesario.

Teniendo esto en mente, en este libro, nos tomamos el tiempo para ver a Bezos desde lo más destacado de su vida, sus puntos de inflexión y sus patrones, con la esperanza de comprender el camino y las herramientas necesarias para el éxito.

Cuando observé su niñez, se me ocurrió varias veces que el joven Bezos no era más que un arduo triunfador, ya fuera en sus proyectos del jardín de niños, en la tarea de la primaria o en sus trabajos académicos del bachillerato. Estaba lleno de energía útil que había reinvertido en sí mismo.

En cada momento de su infancia, sus maestros recuerdan, en retrospectiva, que Bezos era diferente, y no de una manera extraña. Ya sabes que algunos de los niños geeks pueden sentirse extraños. Sí, lo saben todo y pueden recitar una serie de hechos, deteniéndose solo para recuperar el aliento, pero no pueden entender el matiz de las cosas ni su efecto más profundo. Bezos difería en que no era así en absoluto. Él sabía lo que hacía, pero también podía ser genial sin parecer el sabelotodo.

En el bachillerato fue el mejor alumno de su clase, y tuvo una doble especialidad en Princeton; se graduó con honores y eso no es algo que pueda tomarse a la ligera. Claro, a mucha gente le va bien en el bachillerato e incluso asegura una educación en la Ivy League, pero aquí había algo diferente.

Energía sin límites

No podía dejar las cosas a solas; siempre salía a convertir cosas, como cuando intentó hacer un aerodeslizador con la aspiradora en la cochera de la casa de sus padres. Hubo otras situaciones que tenían los rasgos de una gran inteligencia unida con esa energía ilimitada, y siempre dieron fuegos artificiales como resultado.

Esa energía ilimitada fue lo que lo impulsó durante la inactividad de Amazon. Y como podría decirte cualquier persona que haya comenzado un negocio, obtener inspiración solo es la mitad de la imagen. Tienes que apresurarte y buscar para que la visión se logre materializar. Tienes una de dos opciones: Eres súper inteligente y sabes todo sobre todo, o sabes cómo salir y contratar a las personas que necesitas para que hagan el trabajo que no puedes hacer. E incluso, si supieras cómo hacerlo, no podrías hacerlo todo. Necesitas a alguien que haga algo por ti y, como no puedes microgestionar a esa persona, necesitas que sea alguien tan inteligente como tú.

Eso es lo que Bezos busca en sus empleados, y eso es lo que ha estado buscando desde el primer día. Él entendía las computadoras, y entendía la electrónica del juego, pero no tenía todas las habilidades de programación para juntar una base de datos y un sitio web, así que tuvo que contratar el talento para hacerlo.

Delegar

Delegar fue fácil para el joven Bezos. Inclusive, en la granja de su abuelo, Bezos aprendió a hacer las tareas que le fueron delegadas y delegó las tareas que no podía hacer. Sin embargo, nunca salió del margen para mirar a los otros trabajadores. Siempre estaba al tanto de las cosas, haciendo lo que debía hacerse y observando cuidadosamente qué más se podía hacer, sin distraerse con las personas que no estaban viviendo el momento.

A esa edad, fue el ingenio de Pop el que guio a Bezos hasta el punto de evaluar que no hay nada que piense que no se puede hacer.

Por supuesto, podrías pensar de esa manera si hubieses crecido viendo a tu abuelo gestionar toda la granja por su cuenta y con poca ayuda. Además, la ayuda que consiguió era mano de obra no calificada. Pero la mayor parte del pensamiento pesado vino de Pops: un hombre profundamente ingenioso e independiente.

Las historias divertidas de Pops son las que crean la cadena de anécdotas de Bezos y, cuando cuenta estas historias, hay un brillo en sus ojos acompañado de su estallido gutural de risa. Una de esas historias de ingenio cuenta el momento en que Pop había pedido grandes equipos agrícolas a un precio significativamente reducido y tuvo que trabajar en ellos para ponerlos en funcionamiento. Cuando llegaron, pensaron que necesitarían una grúa para izarlos, pero no tenían una. En lugar de gastar el dinero para alquilar una grúa, Pops tardó un par de días en fabricar un montacargas con herramientas y cosas que tenía, logrando sacar el equipo del suelo. Este no fue un caso aislado. Al trabajar en la granja, estando lejos de las comodidades, Pops podía manejar casi cualquier cosa, una vez que decidiera que lo necesitaba hacer.

Ese tipo de exposición resultó ser muy valiosa para Bezos, ya que realmente comenzó a ver las cosas y a trabajar en lo imposible de la misma manera. Para la mayoría de nosotros, es difícil crecer con todas las comodidades que damos por hechas, pero, si convives con la gente que día tras día tiene que pasar la vida trabajando, descubrirás que hay muy poco que puedas decirles para desconcertarlos.

Pops emprendería estos grandes proyectos alrededor de la granja y los llevaría a cabo a través de cada uno de ellos, independientemente de cuán desalentadores fueran.

Bezos admite descaradamente que sus lecciones de ingenio provienen de Pops. Eso es bueno porque, si deseas hacer que un negocio llegue hasta la cima del mundo, esa sería una de las cosas que necesitarías hacer. Inclusive Pops tuvo que ayudar a las vacas a dar a luz y suturar animales en la granja porque el veterinario más cercano estaba demasiado lejos. ¿Cuántos de nosotros lo haríamos sin importar cuán complejo o imposible parezca al principio? Si estás expuesto a este tipo de ética, entonces, con el tiempo, eso crecerá, y harás todo tipo de cosas para asegurarte de cumplir el objetivo y no la tarea. Y esa es la razón por la cual Bezos es como es. Hay historias dentro de Amazon que hablan de su capacidad para centrarse en los resultados y logros en lugar de centrarse en las tareas. Él no es el típico gerente que quiere enfocarse en cómo hacer algo; más bien, él se enfoca en lograrlo.

Hay muchos propietarios que no miran el objetivo de la acción y sólo miran los procesos. No entendemos que, para ser innovadores, debemos ser ingeniosos, y para ser ingeniosos, debemos orientarnos hacia los resultados. Ser orientado tiene su lugar, pero ese lugar no está donde debe estar si estás tratando de construir el mayor minorista del mundo.

El graduado

Al graduarse, se unió a Fitel, donde colgó su sombrero durante dos años e invirtió el tipo de pasión que muestran las personas que son propietarias de nuevas compañías. Su codificación y atención al detalle fueron tan ejemplares que rápidamente fue promovido y puesto a cargo de las responsabilidades que lo obligaban a viajar una vez a la semana a Londres, yendo desde Nueva York.

Fue un gran salto en cuestión de responsabilidad, pero fue uno que te hace perder el equilibrio después de un tiempo, y el tipo de daño que esto le causa a una persona no es el mismo tipo de daño que experimenta una persona que está construyendo una compañía. Este es el tipo de esfuerzo que no asciende a mucho y, por lo tanto, todo se volvió muy añejo, muy rápido.

Decidió renunciar, a pesar de que era el empleado número 11, y sus perspectivas hubieran sido buenas si la compañía hubiera continuado. Después de todo, esta fue la compañía a la que renunció por servicios como Bell Labs e Intel.

Rápidamente encontró empleo en Bankers Trust en Nueva York. Era una industria diferente, sin embargo, le sumaron un conjunto de habilidades que ya era diverso a temprana edad. Estaba vendiendo software a los clientes del banco y, aunque se las arregló para estar ahí dos años, descubrió que tampoco iba hacia donde él quería. Estaba feliz de trabajar con el software y de que fuera una empresa fuerte, pero el factor x no estaba presente.

Estaba muy concentrado y sabía lo que quería, pero no era lo suficientemente arrogante como para dejar que el mundo pasara sin hacerle una probadita. Empezó a enviar sus currículums a los cazatalentos, diciendo explícitamente que estaba buscando una obra tecnológica.

Algún tiempo después llegó a conocer D.E. Shaw con la advertencia de que no era nada de lo que estaba buscando. Era un fondo de cobertura nuevo (de 2 a 3 años) fundado por otro científico informático. Bezos asistió a la reunión con David Shaw, el fundador, y se llevaron bien. Bezos se unió a Shaw por el simple hecho de que pensaba que Shaw era su igual intelectual y que eso no era algo que veía en muchos otros. Ahora era 1990, y Bezos era un joven de 26 años.

En D.E. Shaw, sucedieron dos cosas que cambiaron su vida para siempre y son, hasta el día de hoy, gran parte de su vida. La primera es que conoció y se casó con su esposa Mackenzie, y la segunda es que se propuso la idea de Amazon.

Es difícil comprender el aumento que logró Bezos en Shaw. Hizo magníficamente su trabajo y se dio cuenta de ello. Cuando tienes a alguien como Shaw pensando que eres un hallazgo asombroso, eso no suele pasar desapercibido, teniendo en cuenta que Shaw era una de esas personalidades creativas, tanto artística como científica. Así como Bezos.

A la mitad de 1994, Bezos había cumplido cuatro años en Shaw; tenía un año de matrimonio y estaba sentado en lo alto de Wall Street. Lo que necesitas saber sobre Wall Street y las compañías de allí es que la mayor parte del año giran en torno a las bonificaciones de Navidad.

Bezos ya había estado allí por un tiempo y a Shaw le estaba yendo bien; ya habían llegado a la mitad del año, y el bono no estaba muy lejos. Ah, y no olvidemos que, en este punto, él era un hombre de familia. Entonces, de la nada, Bezos encuentra la oportunidad de abrir una librería sobre esta nueva cosa llamada Internet. Justo en medio de todo esto, sube y renuncia a su empleo, vuela a Texas, toma prestado un auto de su padre y conduce hacia Seattle con Mackenzie.

Tenía 30 años y Mackenzie tenía 24 años. Su matrimonio solo tenía un año, y ambos se deshicieron de sus bonos, se engancharon a su "remolque" y se mudaron hacia el oeste.

Bezos y las mujeres

Desde que fue el mejor de la clase en el bachillerato hasta sus comienzos en Princeton, Bezos tuvo las bases estables que lo hacían un joven confiable. La característica física que dominaba su personalidad no era su estatura, complexión o sus entradas, sino sus gesticulantes explosiones guturales de la risa. No puedes evitar sentir la sociabilidad de la persona y la plenitud de la vida que muestra cuando él empieza a reírse. De hecho, fue lo primero que le atrajo a Mackenzie Tuttle. Podía oír su risa a través de las paredes de D.E. Shaw.

Antes de Mackenzie, Bezos –después de todo es un hombre como el resto de nosotros, incluso si lo hace de manera diferente– creó un sistema para conocer mujeres. Aunque pudo haber tenido mejor suerte si hubiera sido tan aficionado como lo es hoy (guiño).

Obtener citas era más una ciencia que algo orgánico. El hombre común iría a la librería, cafetería o club; Bezos tomó lecciones de baile de salón para poder (en sus palabras) aumentar su "flujo de mujeres". Estoy seguro de que algunos habrían pensado en eso, pero a mí nunca se me habría pasado por la cabeza.

***

Capítulo 4 - Lanzando Amazon

"No podemos estar en modo de supervivencia. Tenemos que estar en modo de crecimiento."

Amazon no siempre fue la súper compañía que ha resultado ser. En la era del Internet y en el período previo a la burbuja de Internet de los años 90, el paradigma había cambiado, de resultados financieros sólidos a elevadas proyecciones de primera línea. En un periodo donde se daban valoraciones que aún no mostraban ingresos, y mucho menos ganancias, Amazon estaba recibiendo ingresos a niveles merecedores.

Cuando Bezos se propuso construir Amazon, el tipo de resistencia que le inculcaron desde niño le ayudó a pasar por momentos difíciles. Su Pops también fue la fuente de esa lección, y lo aprendió junto con las lecciones sobre el ingenio.

También aprendió que los objetivos reemplazaban a todos los demás eventos. Si quieres hacer algo, lo haces antes de comenzar a realizar otra cosa. Y si comienzas, no terminarás hasta que tengas éxito. Fueron las cualidades de su abuelo que las que abordaron los esfuerzos aparentemente hercúleos que se llevaron a cabo durante el curso de los acontecimientos que Amazon experimentó durante su desarrollo.

Tomemos, por ejemplo, la forma en que Bezos recaudó el primer millón. Requirió constancia, resiliencia y, aunque se dio solo un 30% de probabilidades de tener éxito con Amazon, puso el 300% en él para hacerlo funcionar. Por el contrario, si miras al empresario típico de hoy, si piensan que van a tener éxito, entonces ponen el 70%. Si no creen que tendrán éxito, solo aportan el 25%. ¿Adivina qué pasa cuando haces eso? Con el 25% de esfuerzo, terminas sin obtener nada, y solo desperdicias el esfuerzo y la energía que pones. Recuerda que el cuerpo humano está diseñado para sobrevivir. Se aferrará a la energía, seguirá jugando a lo seguro y nunca pondrá un pie en el horizonte de la mente. Pero para tener éxito en la vida y construir compañías con valor de miles de millones de dólares, eso es exactamente lo que debes hacer. Entonces, las personas como Bezos y el resto de los triunfadores expanden inconscientemente sus mentes e van más allá de la mera supervivencia al decidir prosperar.

La mayoría de las personas no hacen eso. Cuando salió a recaudar ese millón, juntarlo casi le llevó un año. Pero por cada inversionista eventual que estuvo de acuerdo, hubo tres que declinaron por una razón u otra. Mayormente se debió a que la valoración ajustada al riesgo estaba más allá de su apetito.

A veces, me pregunto cómo soportarán esos tipos al ver pasar a AMZN después de haberlo dejado de lado.

Realmente, Bezos no estaba tratando de construir una tienda web que se viera exactamente igual como una tienda minorista, con áreas de visualización al frente y un gran almacén de productos en la parte posterior. Ese no es el modelo que ha surgido en este ejercicio. Estaba buscando construir algo que se adaptara a las multitudes de personas que estaban en el Internet. Es como el antiguo adagio inmobiliario: "averigua a dónde irán todos y llega primero". Eso es exactamente lo que hizo Bezos. La única diferencia entre Bezos y nosotros fue que él realmente se levantó y lo hizo.

Pops le enseñó a Bezos a usar lo que tuviera enfrente para hacer algo que su mente pudiera ver en el momento. Le enseñó que todas las cosas son fungibles y que la fungibilidad se puede descifrar si usas tus recursos cerebrales.

Bezos es un gran fan del pensamiento, y pertenece a la escuela de pensamiento que confía más en la mente que en el colectivo: es completamente la salida filosófica de los de su generación. Probablemente eso lo hace un estudio de caso tan único.

Distracciones

Una cosa más que lo hace único y que también proviene de su abuelo es que, desde temprana edad, evitaba las distracciones. Por eso, cuando él habla contigo, sabes con certeza que te está hablando. Esa también es la razón por la que nunca se distrae con su teléfono o por qué realmente solo necesitas decirle algo una vez. Está presente cuando el evento está sucediendo y no "se va" cuando dices algo que lo saca de la inmovilidad. Es un ahorro de tiempo, según él y según Pops.

He visto esta característica en las personas exitosas que he estudiado. Todos ellos, sin excepción, ya sean políticos exitosos o titanes de la tecnología, siempre están en el momento. Siempre están alerta, y su mente está en el lugar y en el momento en que se detienen. Bezos fue igual desde que era un niño, y los maestros que impresionó a lo largo de su vida son un testimonio de ello.

Sus maestros relatan historias sobre cómo nunca pensaron que sería un gran experto de la industria, pero quedaron impresionados con su capacidad para tener confianza y poder competir ferozmente en lo que fuera, ya fueran competencias académicas, proyectos o debates. Podía hablar sobre cualquier cosa, pero no de manera inteligente. Él nació para convencer a la gente de cosas que solo él entendía.

Para Bezos, lo que ve no es solo el producto de su inspiración, sino que también es el producto de su intelecto, atando cabos. No solo tropezó y cayó en la combinación entre venta minorista, libros y el Internet.

En el bachillerato, sus maestros recuerdan que era alguien que tenía una energía cerebral y física ilimitada. Se apresuraba a hacer las cosas, siempre basándose en sus esfuerzos. Solía haber una simple felicidad sobre él que coincidía con su risa generosa y amplia sonrisa.

La mayoría de nosotros encontramos que hay un muro entre lo que estamos inspirados a hacer y lo que eventualmente hacemos. Siempre podemos ver la cumbre, pero no somos conscientes de la montaña. También es lo mismo cuando vemos la riqueza que alguien ha logrado, pero, por alguna razón, nos olvidamos de apreciar el trabajo realizado.

También hay una pérdida de apreciación por el trabajo cuando entra la ambición, así como la realidad, el resultado y el esfuerzo. Todos tenemos muchas ideas y muchos sueños, pero solo algunos de nosotros salimos y hacemos algo al respecto.

Escuchamos una y otra vez cómo se alinearon las estrellas para Bezos, pero tenemos que entender que cada paso crucial exigió una respuesta de él y, cuando nos enfrentamos a cosas así en nuestra vida, ¿cómo respondemos?

Por ejemplo, tomemos el tiempo que estuvo en el fondo de cobertura de Nueva York, D.E. Shaw. Por cierto, mientras estuvo allí, ascendió rápidamente y fue el VP senior más joven en la historia de la compañía. Allí también conoció a su esposa, Mackenzie. Mientras estuvo en D.E. Shaw, el Internet estaba comenzando a crecer y la compañía estaba buscando oportunidades para invertir; después de todo, son un fondo de cobertura. Estaba ganando buen dinero y creando una buena carrera. Piénsalo: a los pocos años de graduarse, ya era vicepresidente en una firma de Wall Street, acababa de conocer a su esposa, y estaba viviendo la vida que la mayoría de los graduados de la Ivy sueñan y logran.

Ahora, toma ese evento y ponte a pensar en el hecho de que se graduó en Princeton, lo que significa que realmente no tuvo que ir a tocar puertas para encontrar el trabajo de sus sueños.

Las Ivy Leagues tienen eventos de reclutamiento para graduandos y las ofertas generalmente llegan antes de la graduación. Fue lo mismo para Bezos, quien había recibido ofertas de Intel y Bell Labs. Pero los rechazó y se unió a una startup llamada Fitel.

Ponte en sus zapatos; tenía toda esa estabilidad y la posibilidad de hacer una familia en el futuro. ¿Por qué decidió dejar todo para saltar hacia lo desconocido? Una cosa es que le ofrecieran un puesto de doctor en Goldman Sachs o algo por el estilo, pero estaba yendo de vicepresidente, siempre estaba buscando más para poner en marcha una idea en la que nadie había pensado.

Ahora que tienes esa imagen en mente, piensa cómo actuarías, especialmente si no tuvieras el beneficio de la retrospectiva. ¿Es posible que él tuviera la visión de hacerlo? ¿O estaba completamente loco? Bezos siempre fue un pionero, y eso es lo que hacen los pioneros. No se suben a un tren porque sepan hacia donde se dirige; se suben a ese tren y lo llevan hacia donde creen que pueda ir.

Con alguien como Bezos y, para la mayoría de los empresarios que llegan a este nivel del juego, su objetivo inicial casi nunca es la recompensa: se trata de una plenitud que ocurre a un nivel más profundo. Cuando hables con Bezos, escucharás la pasión que tiene en su voz por todas las cosas que está haciendo con y a través de Amazon. Es entonces cuando comienzas a entender lo que significa ser alguien que construye algo que es más grande que la vida, cincelando un mercado de más de 300 millones de personas.

Es difícil hacer algo tan grande cuando te centras en recompensas triviales. Para que algo se vuelva muy grande, es porque ya lo es. No puede tratarse de la recompensa porque, si lo fuera, al primer problema, ya habría vuelto al pizarrón de juego o tirado la toalla.

Bezos estaba jugando el juego infinito, no el finito. Si estaba buscando la recompensa, el mejor camino para él habría sido aquel en el que ya estaba. Solo recuerda que dejó un trabajo bastante seguro para sumergirse en una compañía emergente dentro de la incipiente industria del comercio electrónico, en una plataforma llamada Internet que la mayoría de la gente no sabía que existía.

Bezos habla sobre los primeros días del Internet de una manera que lo pone en perspectiva. Nos dice que, al principio, necesitaba recaudar un millón de dólares y que tenía que juntar el dinero o, de lo contrario, Amazon habría terminado antes de que comenzara. Hizo un trato con un grupo diverso de 20 inversionistas por el dinero y, a cambio, les dio el 20% de esa compañía. Cada persona puso alrededor de 50,000. Ese 20% ahora casi vale 90 mil millones.

Hay rumores que dicen de cuán impulsado puede ser y cómo sus empleados pagan el precio de su energía. Por un lado, hay muchos que ven a Bezos como un 'conductor de esclavos', mientras que, para otros, su tenacidad solo es parte de su encanto. Bueno, en mi opinión, no puedes hacer un *omelette* sin romper algunos huevos. Poder llevar a su equipo a la excelencia, debe transmitir la energía por contacto. Para aquellos que no tengan ninguna energía propia, la energía de la otra persona puede ser difícil de aceptar, y, típicamente, es donde surge la fricción.

Cuando Bezos vio la industria de pedidos por correo, se le aparecieron dos cosas. La primera era que ya estaba en el estado de ánimo específico y requerido para fusionar el concepto de pedidos por correo con el de Internet. Fue una combinación inevitable. Simplemente necesitaba personas como Bezos y otros titanes de la industria para convertir esta visión en una realidad.

La idea no era para el gigante que Amazon es ahora. En cambio, la idea era fusionar la industria antigua con las nuevas instalaciones. Ese fue el propósito: consultar el catálogo de pedidos por correo y ver qué encajaría. Pero su naturaleza de enfocar con el láser, ya estaba en pantalla completa. No decidió tomar todo el catálogo de pedidos por correo y crear una empresa; decidió centrarse solo en los libros, simplemente porque estaban en la parte inferior de la lista. Ya lo hemos comentado.

Ves a muchos Bezos en la forma en que se produjo Amazon y en la forma en que funciona hoy. Su mejor biografía es el contenido de la historia de Amazon. Al comenzar con los libros, el objetivo de Bezos era poder enviar cosas a cualquier parte de los EE. UU. y de todo el mundo, así que, para hacer eso, tenía que elegir algo que pudiera enviarse fácilmente por correo. Los libros funcionaron muy bien, y fue bueno porque la razón por la que no le estaba yendo bien al negocio de ventas por correo es que había demasiados títulos para hacer una colección decente. Así que, el punto es que la fortaleza del Internet y la computadora podría aprovecharse como un esfuerzo existente. Al poner todos los libros que pudo encontrar (al azar, dentro de un millón), creó una tienda que vendería libros por sí sola.

A diferencia de hoy, a casi dos décadas de estar en el nuevo milenio, no existían aplicaciones y software a finales de la década de los noventa que pudieran sacarse de una lista de opciones para crear una compañía. Entonces, Bezos tuvo que reunirse con un diseñador de software para construir un lugar donde pudieran catalogar los libros y la gente pudiera hacer la compra.

Le tomó quince meses de trabajo preparar el sitio web. El empleado número uno, Shel Kaphan y el número dos, Paul Davis, le dieron alas durante los primeros momentos del comienzo de Amazon. La red estaba allí y las páginas web realmente habían surgido, pero nadie sabía cómo aprovecharlas al máximo.

Bezos es el tipo de persona que salta hacia las cosas, sabiendo los detalles técnicos o no. Es impulsado más por la visión en su cabeza que por el arsenal en su inventario. La idea es comenzar y luego hacer lo que sea necesario para que suceda. Pero una vez que comienza, va a toda velocidad.

Sin embargo, no tengas la idea de que todo lo que hace es al azar. Solo porque comienza y luego resuelve los detalles, no significa que no piense en sus acciones. Por ejemplo, analicemos su decisión de mudarse a Seattle para establecer Amazon. Esa idea se debió a que la Corte Suprema de los EE.UU. había dictaminado dos años antes en Quill Corp v. North Dakota que no se recaudaría el impuesto a las ventas de una compañía que no tenía presencia física en el estado donde se había realizado la venta. Bezos redujo sus opciones a Nevada y Seattle, y eventualmente se decidió por Seattle debido a este beneficio y también porque quería estar en un estado que tuviera una población más pequeña. ¿Por qué? Porque eso significaría que una pequeña parte de los ingresos se pagaría como impuesto sobre las ventas. Los 49 estados restantes no podrían recaudar impuestos y representarían la mayor parte del mercado. Esa misma línea de pensamiento persistió en las decisiones para, eventualmente, establecer almacenes. El siguiente almacén fue establecido en

Delaware, sin impuestos sobre las ventas, y el tercero estaba en Reno, Nevada, también sin impuestos; justo a un paso de California, que es un gran mercado para Amazon. Nada es aleatorio en las acciones de Bezos. Todo es deliberado y con propósito, y cada propósito tiene un horizonte infinito.

El reflejo de Amazon

Para entender al titán Bezos, por un lado, debes entender a Bezos, la persona, y a Amazon, su creación, por el otro. Cualquier narración que aborde a uno y no al otro va a quedar corta. Es como tratar de entender a Shakespeare sin leer ninguna de sus obras. En pro de eso, el siguiente capítulo está diseñado para darte una pequeña idea de cómo funciona Amazon, mirando sus operaciones más vibrantes, para que puedas hacerte una idea de lo que se propuso hacer Bezos y lo que logró exactamente.

Si quieres entender cualquier obra de arte o apreciar el contenido de la sinfonía, debes construir y comprender el contexto que está a su alrededor. En la mayoría de los casos, significa que necesitas entender el trabajo que hizo Beethoven y apreciar el trabajo que hizo, entendiéndolo completamente. Si alguna vez te has sentado y escuchado la Sinfonía n.° 9 de Beethoven de principio a fin, saldrás eufórico y maravillado. Si después te das cuenta de que Beethoven era sordo en el momento que la compuso, sentirás de repente un aprecio renovado por su complejo e inspirador trabajo y podrás tener una comprensión más clara del genio del hombre.

La verdadera biografía de un hombre no está en las palabras que los biógrafos escriben, está en el producto de sus propias manos. Dejan sus huellas digitales y su ADN en toda su creación, y nos dan un poco de su alma. Así como Bezos lo hace con Amazon.

***

Capítulo 5 - Comprender a Amazon – Comprender a Bezos

"Posiciónate en algo que capture tu curiosidad, algo en lo que te vuelvas misionero."

Bezos es un gigante en el mundo del comercio electrónico, especialmente si consideramos que Amazon tiene más de 300 millones de usuarios (y sigue creciendo). Para poner eso en perspectiva, son casi todos los hombres, mujeres y niños de Estados Unidos.

Para algunos, Amazon es un centro comercial con esteroides. Para otros, como los cientos de miles de pequeños vendedores en Amazon, es una forma de ganar dinero. Más de 100,000 vendedores hicieron más de 100,000 dólares en 2016. En 2017, los visitantes gastaron 200 mil millones de dólares en

Amazon. Además, posee más del 40% de toda la actividad del comercio electrónico en EE.UU. Por mucho, esa es la mayor cuota del mercado.

Lo que debes entender sobre Amazon y el tamaño y seguimiento del mercado es que no se limita al asombro que invocan los números. Lo que esos números deberían decirte es que existe una masa crítica en lo que hacen, la cual impulsa el valor de la empresa y el de Bezos en los resultados de esa compañía.

Creó una avenida, no solo para vender libros, sino para que tú (y cualquiera que esté afuera) venda casi cualquier cosa a cualquier persona. Eso es lo que la mayoría de la gente no entiende. Ven a Amazon en todas partes, y lo ven como una marca más. Amazon no solo es una marca. Amazon es el puente hacia 300 millones de usuarios en todo el mundo (y va en crecimiento), quienes poseen una amplia variedad de gustos que tú puedes cumplir. Para un minorista, es un sueño hecho realidad.

El resto del mundo ve, en 2018, lo que Bezos vio en 1994. Pero no solo lo vio, salió y lo hizo posible. A veces confundimos el verdadero valor de una compañía, así como subestimamos el verdadero valor de una persona, al atribuirle un número que podemos asociar. Es típicamente arbitrario y se usa para transmitir, con un alcance limitado, qué tan bueno, qué tan malo y qué tan impresionante es algo, o su potencial, contribución y valor. En Wall

Street, usamos términos como PE, EBITDA, precio de las acciones, calificación de los bonos y margen. En Main Street, usamos conceptos como crecimiento del mercado, penetración en el mercado, interés en el mercado y el límite del mercado. Para una persona, estamos atrapados por los premios que reciben, el puesto y la riqueza que poseen. En sí, estas métricas están bien. Pero no debemos oscurecer nuestra propia perspectiva de la verdadera contribución y valor de la empresa o la persona en función de estos números limitados. Debemos recordar que simplemente rascan la superficie. En cambio, deberíamos mirar los tipos de desafíos que superaron, los tipos de experiencias que enfrentaron y los tipos de respuestas que les brindaron. Si el primero se pudiera categorizar como la medida cuantitativa de la contribución, entonces el último se categorizaría como la medida cualitativa de la contribución.

Al buscar la medida cualitativa de un hombre, recurrimos instintivamente a las biografías, así como acudimos a los informes de analistas de una compañía. Cuando se trata de Bezos, hacemos ambas cosas porque la medida cualitativa de un hombre se puede encontrar en las anécdotas que genera su vida, y la contribución que Bezos hizo y sigue haciendo, en parte es descrita por la historia de Amazon y también por las otras compañías que ha creado.

Por ejemplo, Blue Origin. Está financiando Blue Origin a partir de la venta de su Amazon Stock. En los últimos años, ha tomado mil millones de dólares en acciones de Amazon (a cualquier precio que hayan tenido en ese momento) y luego liquidó su posición para poder inyectar el efectivo de la venta en el desarrollo de Blue Origin. Su última venta fue en noviembre de 2017.

Desde ese primer año en Seattle, Amazon había crecido hasta alcanzar más de medio millón de empleados, siendo superado por el mayor empleador de Estados Unidos: Walmart. Ese número sería significativamente mayor si no fuera por la gran fuerza de armas robóticas, el nivel sofisticado de tecnología y el poder informático que Amazon emplea para ejecutar su negocio. Hace apenas cinco años, la lista de los diez principales empleadores de Estados Unidos no incluía a Amazon; ahora ocupa el lugar número 2. Este es un testimonio de la ferocidad de la tasa de crecimiento de Amazon. Aún no incluyo el HQ2 (su segunda sede central) que abrirá este año. Se espera que emplee aproximadamente a 50,000 trabajadores en todos los niveles. Esto tampoco incluye las expansiones mundiales que Amazon ha planificado para algunas de las operaciones en el extranjero y otras 50,000 en todas sus instalaciones existentes. Cuando todo esté dicho y hecho, no solo el personal pasará la marca de los 600,000, sino que también incluirá una mayor cantidad de robots y automatización para mantenerse al día con sus rápidos planes de crecimiento y expansión.

Así que, por un lado, lo puedes ver como un creador de empleos en las comunidades que hospedan las operaciones de Amazon en Estados Unidos. Pero también deberías considerar esos brazos robóticos. Sé que a veces es abrumador ver todos los diferentes emprendimientos en los que Bezos entra, pero hay un gran número de ellos y, si bien, no tocaré todos, destacaré aquellos que han alcanzado un cierto umbral de interés.

Brazos robóticos

Recuerda todas las cosas que construyó Bezos cuando era niño: los artilugios electrónicos y las alarmas contra intrusos, las estufas solares, y cosas por el estilo. Bueno, entre ellos, había un interés particular que había albergado en todos sus libros de ciencia ficción: el robot. Estaba fascinado con el robot y la electrónica, la informática y la tecnología que lo integraba. También recuerda que Bezos es un ingeniero eléctrico capacitado, quien ya tenía conocimientos sobre el hardware. Además de tener una licenciatura en ingeniería eléctrica, también posee un título en ciencias de la computación, por lo que también comprende la programación y el lado del software de la tecnología. Únelos con su interés en los robots, y lo que obtendrás es un hombre que saca una de las empresas líderes mundiales en robótica/tecnología de automatización.

La compraron y rebautizaron como Amazon Robotics. Pero en el fondo, es una compañía que está desarrollando rápidamente la automatización de fábricas y la racionalización de la logística de una manera revolucionaria. La razón por la que no se escucha mucho en las noticias es porque, a pesar de lo grande y significativo que es, no alcanza los niveles de lo que Amazon ha llegado a ser. Pero la esencia del ingenio y la previsión aún caracterizan a Bezos, y su decisión de comprar la compañía no solo fue para ahorrar en Amazon, sino también para impulsar la tecnología de modo que avance las causas de Amazon y bloquee a la competencia. Su perspectiva estratégica lo mantiene un paso adelante de otros jugadores, e imagino que tomaría al menos una década superar a Amazon o toda la canasta de logros que Bezos ha logrado en esta industria, suponiendo que ya no esté.

Los verdaderos grandes, los que merecen los elogios y la riqueza que los recompensa, no solo tienen una premonición de dónde estar cuando el mercado se echa a correr. Los verdaderos grandes no solo saben hacia dónde va el mercado, sino que también dirigen el mercado hacia la visión que tienen. Bezos no solo dejó una marca en Amazon; ha dejado una huella en el comercio minorista, la publicación y el estilo de vida.

Amazon es una plataforma tan robusta que no solo permite que los millonarios se acuñen aquí, sino que también ha creado otros sitios que se han convertido en creadores de dinero. Tal es el caso de Alibaba.com. Alibaba reconoce claramente que el concepto de su mercado es aquel que observa y emula a Amazon. No hay nada de malo en ello. Creo que el mimetismo es la mejor forma de hacer un cumplido. ¿No crees? Y funcionó muy bien para Jack. Fue un ganar-ganar para ambos. Hay una gran cantidad de vendedores en Amazon que empezaron en Alibaba.

Eso significa que Amazon no solo vende productos que almacena, sino que crea un mercado para que otros encuentren productos en cualquier parte y lugar para venderlos en su mercado.

Hay numerosos vendedores especializados que incluso van a Walmart, llenan sus autos con artículos en oferta, luego llegan a casa y venden esas cosas en Amazon para obtener ganancias. Algo así no sería posible sin Amazon.

Otros van a Aliexpress.com y compran productos fabricados en China por centavos, y luego los venden en Amazon a precio del mercado. Algunas de estas compañías en China incluso están dispuestas a colocar su etiqueta en ella para crear una marca y así enviarlas al almacén que posee Amazon. Después, Amazon la enviará a su cliente final: es el programa FBA (realizado por Amazon). También fue una de las ideas de Bezos.

Él ha tomado todos los aspectos de Amazon para optimizar cada uno de ellos, así una variedad de participantes generarían beneficios a largo plazo. Incluso logró monetizar el valor de la marca. Por ejemplo, su programa de FBA.

Si eres un nicho que utiliza productos de etiqueta blanca y suministros de envío directo, entonces el FBA sería una forma de llegar a los 300 millones de clientes de Amazon. Si posees tu propio inventario, ya sea si lo fabricas o lo compras y te haces cargo de él, entonces tener la opción de que Amazon se encargue de tus artículos comienza a tener mucho sentido.

El cliente de Amazon

Para entender a Amazon, debes comprender a sus clientes y la forma en que Amazon interactúa con ellos. El cliente típico de Amazon se puede dividir en dos grupos. El primer grupo es el que está bajo la etiqueta de Amazon Prime. Estos son los clientes que han pagado una tarifa anual por tener un servicio prioritario.

El segundo grupo de clientes es el que queda fuera de esta visión. Puede que la comercialización no haya sido su especialidad, pero definitivamente entiende cómo extraer valor de la diferenciación en su base de clientes. No gasta un centavo más de lo que debe e, incluso, monetiza lo intangible.

A finales de 2017, había más de 32 millones de clientes Prime. En 2016, Amazon gastó 1.5 mil millones en envíos, pero los 32 millones de Primes pagaron casi 3.3 mil millones. Muy inteligente, ¿cierto?

Lo que eso significa es que, aunque los Primes están recibiendo envío gratuito, su membresía paga todos los envíos que hace Amazon, incluso los que son para los miembros regulares y ¡todavía queda un saldo restante de 1.5 mil millones! Todos ganan. Los Primes obtienen un montón de cosas gratis y envío prioritario. La compañía cubre todos sus costos de envío y eso cae directamente en el saldo final. Si no eres Prime y compras cosas y pagas los gastos de envío, eso también va directo al saldo final.

Mientras que los miembros Prime solo representan el 10% de la base total de clientes de Amazon, gastan un promedio de 1,600 dólares anuales frente al otro 90%, que promedia unos 600 dólares anuales.

Amazon ha estado en línea las 24 horas, los 365 días de los últimos 24 años. Parte del algoritmo que clasifica lo que compras y te envían, también está estudiando cómo compras, qué compras y cuándo lo compras. Existe un gran algoritmo de inteligencia del cliente que se ejecuta en segundo plano y está obteniendo una gran cantidad de información cada vez que visitas, cada vez que compras y cada vez que navegas. Bezos se aseguró de eso.

Entendiendo a Bezos a través de sus empleados

En la fase de investigación de este libro, encontré numerosos casos de quejas sobre las condiciones de trabajo en Amazon, específicamente en su sede. No iba a incluir nada al respecto en el libro, pero luego, cuando comenzó a parecer que las quejas de las que se hablaba se relacionaban directamente con las condiciones de trabajo del tipo cerebral en lugar del tipo de salud y seguridad, decidí que sería una buena forma de entender a Bezos y su forma de hacer las cosas. Lo que encontré solo me dio una mejor comprensión de las facetas que definieron a Bezos y su ética hacia el trabajo, así como su enfoque singular en el logro de metas establecidas.

En lo primero que te das cuenta cuando quieres trabajar en Amazon es que todos tienen muy claro cuánto trabajo tendrán que invertir. Este no es un trabajo regular de 9 a 5. Aquí no es donde te preparas para la vida, ingresando a los 24 años y saliendo después de pasar 30 años haciendo la misma tarea banal, para después recoger tu reloj de oro. No. Esto no funciona de esa manera, y ojalá hubiera sabido esto cuando recién comencé a trabajar en el mercado laboral; definitivamente este habría sido un lugar en el que me hubiera gustado tirarme para ser considerado. Por supuesto, cuando me gradué, el único Amazon que existía fluía en Sudamérica y no tenía nada que ver con mi especialidad.

Me hubiera encantado trabajar aquí cuando era un niño universitario; no porque hubiera sido un trabajo fácil, sino porque habría sido una de las cosas más difíciles que podrías hacer al salir de la escuela de posgrado.

¿Por qué?

Porque es dirigido por un hombre que no ve las cosas difíciles; él ve las cosas para hacerlas o no hacerlas. Casi como un Yoda. No hay medida de prueba, y no hay medida para realizar una tarea. Se trata de entregar el resultado que se ha planificado, y no un intento.

Lo que el público en general no ha entendido acerca de la cultura de Amazon (como todo lo demás), es que es un reflejo del propio Bezos. Tienen una fuerza impulsora, y esa es ser el mejor en el comercio electrónico. Y eso realmente es una extensión del propio Bezos; quiere ser el mejor en todo lo que forma parte. Si no puede prestarle toda su atención, no lo hará. Si no puede hacer su mayor esfuerzo, no lo hará, y si no puede dar el 300%, él preferiría encontrar algo más que hacer.

Usualmente, los consultores de negocios lo verían y dirían que es demasiado vago, que es necesario reducirlo y enfocarlo un poco más. Si no tienes la concentración, no podrás comunicarlo ni ejecutarlo. Estas son las personas que no tienen idea de lo que están hablando. Amazon y Bezos no tratan de procesos y objetivos; son dirigidos por los objetivos y hacen lo que sea necesario para pasar del concepto al resultado. Hace lo necesario para llevar rápidamente el regalo de Navidad a tu puerta, te entrega la cortadora de césped antes de lo esperado, y hace que tu viaje a la tienda sea menos doloroso y más conveniente, mientras que todos los competidores intentan emular y reconfigurar el mercado a su imagen.

Con este fin, al igual que Pops, Bezos establece estos objetivos aparentemente insuperables y espera que aquellos que están a su alrededor puedan enfrentar el desafío, aplicando sus mentes y esfuerzos. Él no es el tipo de persona que reacciona bien ante las excusas o razones que dicen que algo no funcionó.

Pero si estás a punto de trabajar para él, la única cosa en la que puedes encontrar consuelo es que te empuje hasta que sientas que estás a punto de romperte; después, suceden dos cosas: Una, lo encuentras en algún lugar de ti y creces como persona, o te rompes y encuentras los límites de tu habilidad. De cualquier manera, trabajar para Bezos no es para los débiles. Considérate advertido. Pero si de verdad aceptas el desafío, prepárate para escalar muy lejos, hasta que tu espíritu pueda llevarte.

***

Capítulo 6 - La Mentalidad de Bezos

"No es un experimento si sabes que va a funcionar."

Hay dos tipos de mentalidades cuando hablamos de los líderes del mundo corporativo, académico y la política. También hay dos tipos de juegos que ellos se ven jugando.

Estos juegos no son cosas en las que pensamos cuando queremos divertirnos. Son juegos que representan la forma en que abordamos, manejamos y competimos. Estos 'juegos' son más sobre la competencia que sobre el juego.

Los juegos describen un proceso de interacción entre jugadores. Comprarle un auto al distribuidor es un juego. Los jugadores de ese juego son el comprador y el vendedor, y ambos exploran el lote de ese día. El juego se puede ver como la transacción, la interacción y la comunicación. El juego es intangible.

Por otro lado, los jugadores son los que están en el juego. Ellos inician la fuerza que define y mueve el juego mientras son el recipiente de sus resultados. En el ejemplo de la compra del vehículo, los jugadores inician la compra y el vendedor acepta. Cuando concluye la venta, el comprador es el dueño del vehículo (el propietario del valor del vehículo), y el vendedor tiene el efectivo (y ahora es el propietario del valor del efectivo). Cada uno recibe diferentes valores, valores que querían obtener.

Cuando se trata del mundo corporativo e incluso el de la política, hay dos tipos de juegos: los finitos e infinitos.

Para jugar el juego infinito, tenemos al *jugador infinito*, y para jugar el juego finito, tenemos al *jugador finito*.

Entonces, ahora que tenemos todos los ingredientes para este experimento mental, comencemos y demostremos cómo encaja todo esto con Bezos y Amazon.

Jugadores finitos

Los jugadores finitos miran hacia un punto focal común. Este punto focal tiene un final cuantificable, definible e inminente. Es este fin de año financiero, este final de trimestre, o este ciclo; cualquiera que sea, siempre tiene que ser finito.

Cualquiera que sea tu marco de tiempo, hay un punto final finito y definible al cual enfocarse. Estos jugadores, los finitos, tienen una mentalidad determinada que es totalmente opuesta a la de los jugadores infinitos. Cuando ves los movimientos que hacen, las decisiones con las que terminan y los tipos de elecciones que toman normalmente, comienzas a tener una idea de cómo ven el juego en su cabeza. Mira las citas al comienzo de cada capítulo y comenzarás a tener una idea de la mentalidad que tiene Bezos y el tipo de juego que está jugando. ¿Suena como un juego finito o uno infinito? Sigue leyendo, ya que comenzarás a darle sentido.

Los juegos finitos son aquellos en los que ingresas al jardín de niños, asistes al bachillerato, llegas a la universidad, te contratan como ejecutivo, obtienes algunas promociones, te retiras y luego te mudas a Florida. Hay un objetivo en cada etapa, hay reglas para lo que puedes o no hacer, y hay modos de pensar que te hacen seguir las reglas.

Jugadores infinitos

Lo que forma parte del carácter de un jugador infinito es su incapacidad de hacer trampa. Si conoces a alguien que es un Jugador Infinito inherente, te darás cuenta de que son personas en quien puedes confiar, sin dudarlo. Bezos era una persona así. En el viaje a Seattle, se había detenido para conocer a tres futuros empleados y, Shel

Kaphan, uno de los tres, quien acababa de tener una relación de confianza con él, hizo las maletas y se mudó a Seattle. Eso no es fácil de hacer. No se puede falsificar ese tipo de confianza y, ciertamente, no se puede falsificar con gente como Shaw y Kaphan, y cada uno de los 20 inversionistas iniciales que otorgaron un promedio de 50,000 dólares para llevar a Amazon al siguiente nivel.

Por otro lado, los juegos infinitos rompen los moldes y no tienen reglas, excepto para mantener el juego en marcha. Estás jugando el juego una y otra vez.

Hay una buena forma para pensar sobre ello: Si juegas una partida de ajedrez con una persona y sabes que el juego será único y, después de jugar con ellos, nunca más los vuelves a ver, ¿jugarías de diferente forma? Además, sabes que el ganador toma los títulos, y luego hará todo lo posible para vencer a esa persona. No te importa si nunca vuelven a jugar contigo después de ese juego porque el segundo juego no es tu objetivo. Tu objetivo es ganar el juego.

Si tomas al jugador infinito y lo colocas en un juego finito, los resultados serán subóptimos. Y sería igual si fuera al revés.

Para obtener los mejores resultados, debes colocar al jugador infinito en un juego infinito y un jugador finito en un juego finito. Cuando pones al jugador en el juego correcto, los resultados son espectaculares. Especialmente si el Jugador Infinito lidera una compañía revolucionaria y sus gestores finitos cumplen los objetivos y las tareas que él establece.

Recuerda cómo Bezos no pudo encontrar su satisfacción en los fondos de cobertura (en D.E. Shaw); el juego finito por excelencia. Los jugadores que realizan el juego infinito no reconocen las reglas y el orden establecido. No es que no sigan las reglas, simplemente no ven cómo las reglas aplican para su mundo e ideas. Los jugadores infinitos solo ven el propósito de mantener el juego vivo, para progresar continuamente.

Si eres un jugador finito que juega ajedrez, entonces tiras todo lo que tienes en un esfuerzo por ganar. Si eres un jugador infinito, entonces tomas cada juego como viene, estudias los movimientos del oponente, sigues gradualmente el juego, y entiendes que hay niveles más altos de interacción que solo el juego físico.

Existe toda una rama de la filosofía que está apuntalando este juego infinito y finito. También es uno de los elementos de la teoría de juegos de Nash. La razón por la que menciono esto aquí es para que podamos tener una idea de cómo piensa Bezos, cuáles son sus motivaciones y la relación real que existe entre él y las cosas que hace.

Usando el marco finito e infinito

Pero hay una razón más importante que investigar en este marco. Claro, comprendemos mejor a Bezos y aplicamos ese mismo marco en otros triunfadores, pero, más importante, es que podemos aplicarlo en nosotros mismos. Si miras el logro de una persona como, por ejemplo, Bezos, y te miras y descubres que eres más un jugador finito, entonces lo último que quieres hacer es tratar de emular a alguien como Bezos, que creemos que es un jugador infinito. Los jugadores finitos son personas como Tiger Woods, Alan Greenspan y Jack Welch. Los jugadores finitos son excelentes directores generales y conductores de objetivos y resultados.

Si, por otro lado, eres un jugador infinito, entonces debes hacerte una última pregunta: ¿eres feliz donde estás y con lo que estás haciendo? Bezos nunca estuvo feliz con los pocos trabajos que consiguió después de Princeton. Incluso en D.E. Shaw no era feliz, y estaba buscando satisfacer sus tendencias como jugador infinito.

La próxima biografía que leas, utiliza el marco mental del juego finito e infinito, y ponla en contexto. Eso te dará un mejor punto de referencia para que puedas ver dónde puedes emular y dónde observar.

***

Capítulo 7 - Más Allá de Amazon

Ahora, no olvides que Amazon no es la única cosa que Bezos fue responsable de crear. Él también fundó Blue Origin.

El objetivo de esta biografía no es hacer una crónica del quién, qué, dónde y cuándo, sino pelar las capas e intentar comprender el por qué y el cómo. Entre Blue Origin y Amazon, ¿qué ves?

Yo veo que aquí hay un hombre que mira hacia el otro lado del horizonte y tiene una idea clara de lo que debe suceder. Tú y yo podemos ver la industria naciente del comercio electrónico y decir, bueno, eso no está comprobado, y no vamos a arriesgarnos con alguna idea nueva y elegante. Pero eso no se debe a que no tomamos riesgos; solo vemos el riesgo. El riesgo oscurece nuestra perspectiva del objetivo.

En cuanto a Bezos, él ve la meta y, como es un jugador infinito, no ve el riesgo como riesgo; lo ve como parte del paquete. He hablado con varios analistas de riesgo y, claramente, todos dicen una cosa; si calculas el riesgo de una startup como Amazon, basándonos solo en el riesgo, no hay ninguna razón plausible para ponerlo en marcha. En la historia, han existido otros hombres como estos. Por ejemplo, Cristóbal Colón. En su caso, no podía ver literalmente lo que había en el horizonte y, en un mundo que creía que si llegabas al borde, te caías, él no podía ver el riesgo o era tan valiente que el riesgo de caerse no le molestaba. Estos son los jugadores infinitos.

Otro aspecto que apunta concluyentemente a que Bezos es un jugador infinito es, como mencioné anteriormente, su participación en Blue Origin. Blue Origin es una compañía que inicialmente comenzó con la construcción de motores de cohetes, superó rápidamente el objetivo inicialmente establecido y comenzó a construir vehículos que entrarían en órbita baja. Su propósito era poder llevar al cliente comercial al espacio.

¿Ves alguna demanda de personas que vayan al espacio? Es casi como ver si las personas comprarían un lavaplatos en línea hace 35 años. Pero Bezos ve estas cosas porque es un jugador infinito. No se limita con el cumplimiento de las devoluciones de este trimestre y los presupuestos del próximo año fiscal. Su visión requiere un arco más grande para cumplir y un mayor retorno ante cualquier posible inversión. Recuerda cuál fue el rendimiento del primer grupo de inversionistas angelicales; se llevaron el 20% de la compañía a cambio de 1,000,000 USD.

¿Qué hay de Amazon y Blue Origin? ¿Cómo los encajas en este marco de juegos finitos e infinitos? La evidencia la hace tan clara que casi parecen evidentes. Bezos está jugando un juego infinito en ambos. Entonces, lo que tienes es un jugador infinito jugando un juego infinito. Tomó algunas de las recompensas del primer juego infinito y lo invirtió en el segundo. Él está extendiendo todo el juego hacia el futuro.

Sabía exactamente lo que iba a hacer, incluso cuando era un adolescente. Para su discurso de bachillerato, habló sobre la construcción de estaciones espaciales y la creación de un mejor entorno humano. En parte, esto es lo que dijo:

"...para construir hoteles, parques de diversiones y colonias espaciales para 2 o 3 millones de personas que estarían en órbita. 'La idea es preservar la tierra', le dijo al periódico... El objetivo era poder evacuar a los humanos. El planeta se convertiría en un parque."

Jeff Bezos es el jugador infinito por excelencia, no solo porque ve lo que está más allá del horizonte, sino también porque juega por más que la recompensa. Él juega por el propósito y para mejorar. Para las personas como él, el éxito es fácil en su propia mente, pero ellos no tienen los mismos estándares que ven los espectadores. Ellos no entienden sus acciones, motivos y energías.

Puedes comparar ambos jugadores pensando en un corredor de maratones de larga distancia y un atleta en un sprint de 100 metros. Tienes dos personas muy diferentes y no puedes poner a un jugador en la pista del otro.

El corredor de maratones está buscando distancia, y su trabajo es permanecer en el presente, pero seguir moviéndose. Él no está interesado en saber dónde están sus competidores (este es solo un ejemplo para enfatizar el punto). Por otro lado, el atleta de sprints está constantemente preocupado con saber dónde están los otros competidores y cómo puede seguir avanzando más rápido. Pero eso solo se aprecia desde el exterior. El punto es que la construcción física de un corredor de larga distancia es significativamente diferente a la del corredor de sprints. Todo, desde la forma en que se administra la energía, los músculos que se desarrollan y hasta la forma en que respiran, son diferentes.

Es lo mismo con los jugadores finitos e infinitos. Están construidos de esa manera y juegan de esa manera. El problema no es el juego o el jugador. El problema surge cuando pones al jugador infinito en un juego finito, al igual que Bezos cuando estaba en su empleo de fondos de cobertura; y cuando pones un jugador finito en un juego infinito.

Es peor para los jugadores infinitos porque este mundo y sus mentalidades defienden y promueven en general los plazos y objetivos finitos. Desde el jardín de niños hasta el bachillerato, y desde las universidades y más allá, todo el sistema está diseñado para los jugadores intrínsecamente finitos por todas las mediciones y valoraciones que se hacen. Esas evaluaciones y estructuras obligan a que el juego se juegue como algo finito, y eso generalmente provoca un caos en el jugador intrínsecamente infinito. La mayoría de las veces, las personas se sorprenden al escuchar que un niño que no tuvo éxito en la escuela; de repente la deja, y se vuelve extremadamente rico. Gates y Zuckerberg pueden venirte a la mente.

Sin embargo, existen muchos de los infinitos que sobresalen, e incluso les va bien en el entorno finito, pero no están satisfechos con lo que tienen que enfrentar. O bien, encuentran el punto real en su vida, o permanecen en el mundo finito y luchan en mediocridad durante toda su vida. Bezos sabía exactamente lo que quería y simplemente navegó en el mundo finito hasta que apareció su oportunidad de jugar el juego infinito. Es por eso que fue capaz de salirse de su trabajo cotidiano, mientras que la mayoría de la gente hubiera pasado y se hubiera quedado dentro del orden establecido.

Por alguna razón, descubren que los errores los retrasan un poco o se ven a sí mismos a la luz del mundo finito, por lo que ven una imagen menor a lo que quieren lograr. Piensa en eso por un segundo. Lo que esto hace es darles la fuerza y visualización necesarias para superar errores y fallas. Porque para ellos no son errores o fallas, solo son la forma en que se juega el juego infinito. No hay ganadores y perdedores al jugar en el juego infinito y, por lo tanto, no debes preocuparte por cometer errores.

A largo plazo, los jugadores infinitos y finitos tienen diferentes propósitos. Ninguno es mejor que el otro; son solo diferentes. Pero cuando te eres fiel y realizas el juego, te das cuenta de que fuiste creado para jugar y así extraes valor a tu contribución. Al igual que cuando lo hizo con Amazon, así lo hace con Blue Origin.

Cuando miras sus otras inversiones, puedes tener una idea de cómo es su pensamiento y de la visión del mundo que lo rodea. Es muy práctico con su presente, pero también conoce el potencial que todos enfrentamos. Es un reconocido inversionista en varias startups que aparecieron en esos tiempos. Por ejemplo, él fue uno de los primeros inversionistas en Google y casi fue uno de los primeros inversionistas en eBay.

Sus inversiones son administradas por una compañía llamada Bezos Expeditions. Bezos

Expeditions ha estado invirtiendo de forma activa, principalmente en compañías e industrias que tienen sinergias estratégicas con los intereses en las áreas que el propio Bezos está involucrado. Sus inversiones no están diseñadas para maximizar los ingresos financieros sin tener un beneficio estratégico.

Sus inversiones son paralelas a sus creencias y generalmente se hacen cuando tienen un mayor propósito. Su inversión inicial en la compañía de motores de cohetes no fue solo una inversión, sino algo que estaba cerca de su corazón. Eventualmente, esa inversión se convirtió en algo más. Para entender a Bezos, así es como tienes que verlo: no hay nada aleatorio en sus acciones. Al igual que en el caso de las compañías de motores de cohetes, es muy fácil saltar y preguntar qué rayos tiene que ver un titán minorista con los motores de cohetes. Bueno, si lo miramos de forma superficial, entonces la respuesta es "nada", pero si nos fijamos en la inversión que se basa en la persona, podrás ver que simplemente fue una pieza detallada dentro del gran rompecabezas en la mente de Bezos. Sabía desde el principio lo que quería hacer y hacia dónde quería ir, solo siguió recabando los precios que necesitaba para llegar hasta ahí.

Al analizar las otras inversiones que ha realizado a través de Bezos Expeditions, hay algunas que deberían sorprenderte y reafirmar el hecho de que él es un jugador infinito. Bezos Expeditions (BE) realiza un promedio de entre 5 y 7 inversiones al año. Su reciente inversión en biotecnología es una de las más interesantes porque su principal investigación y propósito declarado es extender la duración de la vida útil, o como lo llaman, "extender tu vida saludable". Esa es la forma de referirse a una compañía que está investigando el envejecimiento y la prolongación.

Siempre hay un método en su camino. Antes de anunciar su inversión en motores de cohetes, Bezos utilizó compañías ficticias para realizar la compra de terrenos en Texas. Entre la cantidad de tierra que compró personalmente y la herencia de tierras que recibió de su familia, Bezos es uno de los propietarios con mayor cantidad de tierras en el estado de Texas. Una vez más, sus acciones no fueron hechas al azar; sus compras fueron hechas con el propósito de establecer el sitio de lanzamiento para Blue Origin y el programa espacial. Si bien las acciones pueden no haber sido evidentes en el momento, finalmente terminaron estando juntas.

***

Capítulo 8 - Manifestación mental

"Si decides que solo vas a hacer las cosas que sabes que funcionan, vas a dejar muchas oportunidades sobre la mesa."

Terminamos el capítulo anterior hablando de Blue Origin dentro del contexto de los juegos finitos e infinitos. Sin nada más, deberías empezar a hacerte una idea de cómo funcionan los dos juegos y ver las inversiones y negocios que Bezos hace para tener una idea de quién y qué es él. Muchas de las cosas en su vida me impresionan implacablemente al demostrar que, de hecho, es un personaje infinito. Incluso cuando es intolerante con las personas que cometen errores, dice de broma: "¿Por qué estás desperdiciando mi vida?"

Ahora piensa en la psicología de eso. Él no está diciendo lo que la gente suele decir, que es, "¿por qué estás perdiendo mi tiempo?" En cambio, está hablando de su "vida". Él ve su tiempo en el contexto y con la perspectiva de mucho propósito. Hay tantas cosas que sabe que tiene que hacer. La mayoría de las personas que trabajan para él no siempre pueden soportar eso. Son finitos en un entorno infinito o infinitos acostumbrados al mundo finito, quienes están obteniendo algo que no esperaban. En cualquier caso, es normal que, quienes estén cerca de alguien que está en una misión, no puedan seguirlo completamente.

Esa es la razón por la que él está allí, y ellos todavía están intentando sobrevivir en el mundo. Muchos de sus empleados atribuyen su naturaleza como la de alguien que tiene prisa y alguien que es muy ambicioso. Esa es una suposición que no debe aceptarse trivialmente. En el sentido tradicional, no se trata de la ambición de "Oye, ¿qué quieres ser cuando seas grande?" Su ambición no es realmente una ambición; se trata de un propósito. Él no se ve a sí mismo como alguien que necesita soñar en grande y visualizarlo en la existencia. Se ve a sí mismo como alguien que ya está destinado a hacerlo realidad.

¿Cuántas personas hablan de construir colonias espaciales e invertir más de 500 millones de dólares para hacer que funcione? Sí, es cierto, Blue Origin está muy por delante de la curva, que parece que mantendrá su marca y hará que el primer cliente llegue al espacio en 2018.

Otra cosa sobre los infinitos es que no ven las cosas como grandes sueños o metas audaces. Lo ven como la siguiente progresión a donde sea que estén en este momento. No analizan estas metas como resultados y objetivos; ellos ven la imagen completa. Así es exactamente como Bezos hace las cosas. La mayoría de la gente se confunde con su habilidad para ver grandes ideas y, al mismo tiempo, microgestionar los entregables y las tareas asignadas al personal. Esta es una de las cosas que los infinitos hacen. Lo mismo les sucedió a todos los que trabajaron con Steve Jobs. Cuando ven la imagen completa, ven las nueve yardas y cada pulgada en el centro. No hay diferencia en la micro o macro imagen; no hay bosque para los árboles. Todo ocurre a la vez.

Es capaz de hacerlo porque, como muchos de los que lo rodean lo han observado en repetidas ocasiones, Bezos tiene una energía ilimitada. Tiene una gran resiliencia dentro de sus actividades, y no tiene intención de detenerse. Las personas exitosas creen en su visión y en lo que están haciendo. Bezos no se detiene en la creencia; él sabe lo que se supone que tiene que hacer; se levanta todos los días y lo hace. Después, ya cuando llega, tiene más inspiración para pasar a lo siguiente. Y así pasó de los libros a todo. El lema de Blue Origin refleja elocuentemente la ética de Bezos, "Gradatim

Ferrositer", que vagamente se traduce como "paso a paso con ferocidad."

La mayoría de las personas ambiciosas quieren llegar allí de un solo salto. Esa es la cosa; él parece seguir el adagio, "Roma no se construyó en un día". A diferencia de muchas de las personas que han adornado la lista de las personas más ricas, o la lista de los más exitosos, lo que pasa con Bezos es que es fácil observarlo y comprenderlo si ves sus motivos.

Los motivos de Bezos siempre han sido claros, y él siempre ha sido abierto acerca de ellos. Sigue cada objetivo sin descanso, pero no le preocupa el fracaso. Si lo hace, solo se levanta y continúa.

A lo largo de nuestra historia como país y civilización, hemos visto grandes hombres esculpidos en la piedra del juego infinito. Churchill, los hermanos Wright, Steve Jobs, y muchos más. Todos estos hombres tienen las mismas características y puntos de vista. Puedes ver sus patrones en todas las áreas, independientemente de la edad en que hicieron su impacto. Hay una gran cantidad de personas en nuestras vidas que han sido obvios infinitos. Bezos es uno de ellos.

Entre los académicos, una falacia común es que piensan que los CEO y los presidentes no deberían preocuparse por las minucias de la compañía. Dicen que los fundadores y los líderes deberían preocuparse por la dirección estratégica de la compañía y las grandes ideas. No deberían perder el tiempo con asuntos pequeños. Pero, en absoluto, no es cierto, y no es como Bezos hace negocios. Él es, como dicen, un hombre autoritario. Él conoce todos los detalles, y los entiende completamente, y también conoce el panorama general. En su mente, ¿quién podría conocer el panorama general si no sabe los detalles? Y tiene razón. La razón por la cual se malinterpreta esta cualidad es que aquellos que son infinitos tienen la capacidad de manejar los dos estratos de un negocio: los detalles y el panorama general. Esa es una de las razones por las que Bezos es quien es.

El poder obvio de la resiliencia de Bezos proviene de su absoluta dedicación a su propósito en la vida. Podemos deducir, con sus acciones y palabras, que quiere mejorar todo lo que toca y eso incluye hacer del mundo un lugar mejor. Hay una sensación de grandeza en él que trasciende todo lo que hace y piensa. Así es como los infinitos navegan por este mundo.

***

Capítulo 9 - Opinión de despedida

"En todo momento, mantén un firme conocimiento de lo obvio."

Habiendo comprendido mejor a Bezos y los logros que ha hecho en el transcurso del último cuarto de siglo (y durante su vida), podemos mirar hacia atrás para comprender que él es, después de todo, humano. Nunca podemos olvidar eso. Bezos no es superhumano ni está dotado y, de ninguna manera, es un prodigio.

Bezos es alguien determinado. Su intelecto proviene de empujarse a sí mismo y del deseo de llenar los vacíos. Simplemente parece que no puede dejar nada sin entenderlo, y resolver el rompecabezas antes de pasar a lo siguiente. Él también quiere entrar en el juego y arreglar lo que sea necesario y, si no necesita reparación, quiere entrar y ser el catalizador para que evolucione.

Simplemente no puede dejar las cosas sin terminar, y en este caso, esto ha demostrado ser algo bueno.

Cualquiera que estudie a Bezos sabrá que está inextricablemente vinculado a Amazon, y no me refiero a una manera natural de causa y efecto. Su enlace es más que eso. Amazon es un reflejo casi perfecto de él: concentrado, justo, motivado, pero completamente acertado. Verás, Bezos realmente puede ser una persona agradable, y aun así, con solo pulsar un botón, puede ser más duro que una uña.

Después de dejar Houston en el automóvil de su padre, Mackenzie condujo mientras él seguía haciendo un plan de negocios y registrando los números en su computadora portátil. Se detuvieron en California para encontrarse con Shel, y luego condujeron hasta Seattle.

Cuando comenzaron, solo eran los tres: Mackenzie, Bezos y Shel. Para reducir los gastos generales, estuvieron trabajando en la cochera de la casa de Bezos mientras estaban en constante movimiento: reuniones con proveedores de libros, reuniones con agentes de envío y transporte, y posibles nuevos empleados. También había una gran cantidad de programación, ya que necesitaban configurar la base de datos para almacenar los millones de libros que Bezos había fijado para el negocio.

También necesitaban configurar el sitio web, por lo que Shel siguió uniendo eso. Poco tiempo después, contrataron al segundo empleado y luego, tanto Shel como el nuevo empleado, Paul, siguieron trabajando en la interfaz del usuario, para finalmente convertir la página principal de Amazon en lo que puedes ver hoy. Pero recuerda, en aquel entonces, solo estaban vendiendo libros.

Como uno podría pensar, no fue tan fácil comenzar, pero tampoco habría sido tan difícil mejorarlo y ponerlo en marcha. Se mostró un tremendo nivel de ética de trabajo, además de disciplina y creencia en la idea.

Como habrás visto, los recursos eran escasos, y los estiraron todo lo que podían; las cafeterías se convirtieron en lugares de reunión, las puertas se convirtieron en mesas, y las casas se convirtieron en oficinas. Tú entiendes. No es diferente a lo que la mayoría de la gente hubiera hecho al iniciar un negocio desde la cochera de su casa.

Cada acción era deliberada. No puedo evitar ver todas las huellas dactilares de Bezos en la configuración y estructuración de las cosas. Había algo de ironía en sentarse en el Starbucks de Barnes and Noble en Bellevue y tramar el surgimiento de un negocio que algún día dejaría sin sentido a Barnes and Noble. Me pregunto, si los gerentes hubieran sabido esto, ¿habrían permitido que Bezos, Mackenzie y Shel los usaran como una segunda base de operaciones?

Cuando llegó el momento de infundir efectivo en el negocio, era casi táctil y listo en ese momento. Bezos, que estaba a cargo del negocio, comenzó a obtener capital de riesgo en Seattle. Tenía una sensación de tratar de mantener todo cerca de casa. Compró a algunos de los patrocinadores y consiguió un bocado. Una firma de capital de riesgo del centro de Seattle fue la que finalmente aceptó asumir el total de 1 millón de dólares en acciones, pero las conversaciones se incendiaron cuando redujeron a la mitad la valuación de Bezos y querían tomar a cambio el 50% del capital de Amazon.

Bezos lo rechazó sin dudar. Como ya sabrás, finalmente convenció a sus amigos, familiares (entre ellos sus padres), excolegas y a todos los que él conocía para unir y financiar ese primer millón. Todos ellos solo recibieron un 20% a cambio.

Bezos no minimiza ese evento y reconoce que, si no hubiera llegado a ese millón de dólares, Amazon nunca hubiera podido lanzarse.

Aquí hay otra razón por la que Bezos es la encarnación absoluta de Amazon. A raíz del éxito de Amazon, los principios de la firma de capital de riesgo exigieron que se les hiciera una valoración más baja sobre esa decisión. Lo que más llama la atención es que deberían haber visto a Amazon como una extensión de Bezos y no como una cesta de riesgos. Estaban seguros de que Barnes y Noble lo derrotaría en cuanto Amazon apareciera. No contaban con la resiliencia y tenacidad de Bezos, por no mencionar su capacidad para pensar en una salida.

El servidor fue finalmente terminado y el sitio web ya estaba listo; la base de datos era simple, pero funcional. Paul y Shel habían logrado hacer un trabajo decente y, finalmente, encendieron las luces el 5 de julio de 1994. No hubo publicidad previa a la apertura; recuerda que esto ocurrió a principios de los 90 y aún no existía Google PPC. Sólo existían los navegadores Netscape y otras cosas más. Sin duda, el Internet estaba llamando rápidamente la atención de los usuarios. El Internet estaba teniendo un crecimiento de más del 300% anual, pero su infraestructura todavía era bastante delgada. Todavía existía un puente entre las tiendas tradicionales y electrónicas. Por cierto, en ese momento, no existía Facebook ni las redes sociales. Las compañías transversales necesitaban tener la capacidad de atraer sus clientes existentes a su sitio web, o utilizar medios convencionales para publicitar su presencia, y hacer que los visitaran desde allí. En su mayor parte, la obra en línea no se había escuchado lo suficiente y, de hecho, Amazon se dirigió a las espesas junglas para lograr que la gente ingresara la URL del negocio y realizara una compra.

Bezos y Shel manipularon las computadoras para que sonaran cada vez que se realizaba una venta, y lo hicieron poco después de su lanzamiento. Cada vez que llegaba una venta, sonaba fielmente. Durante el primer mes, este sonido fue una distracción, ya que el volumen de 'dings' aumentaba rápidamente, tanto es así que tuvieron que apagarlo.

Para cuando llegó el otoño, estaban haciendo alrededor de 20,000 dólares en ventas semanales. Nada de eso fue aprovechado. Todo se invertía para hacer crecer el negocio. Este era el sello de Bezos. Incluso como un alter ego, representó a Amazon de la misma manera que representaba su propia vida. Usó el dinero para hacer la reinversión y se mantuvo austero. Era casi inaudito que una startup de tecnología fuera generadora de ingresos en los años 90. El estallido de la revolución del Internet de los años 90 está plagado de historias de compañías fallidas, altas valoraciones a costa de ingresos nulos y rentabilidad negativa. Las compañías de ese entonces siempre se dirigían al callejón del capital riesgo para acumular hallazgos basados en promesas y sonrisas.

Por otro lado, Amazon estaba ganando dinero real para invertirlo en el negocio. El discurso de Bezos para los existentes y futuros inversionistas involucraba reinvertir antes de dividir. Todos estaban de acuerdo. Uno tiene que entender que la ronda inicial de inversionistas angelicales que recaudó un millón de dólares se basó puramente en la relación. Vamos a aclarar eso. No fue dinero regalado; era dinero invertido en un negocio que alguien de confianza estaba promoviendo. Sus padres invirtieron unos cientos de miles de dólares, aunque la primera pregunta de Mike a Bezos fue: "¿Qué es el Internet?" Aparentemente, esa pregunta fue compartida por todos los amigos y familiares que invirtieron en Bezos. Tenemos que tenerlo claro, sin Bezos, la inversión no se hubiera realizado. Bezos podría haber respaldado la venta de fundas para asientos de inodoro y ese primer grupo habría respaldado el esfuerzo. Esta es otra razón por la cual Amazon es Bezos.

En 1999, Bezos fue a Kleiner Perkins y recaudó exitosamente 8 millones de dólares en una serie A (la primera ronda significativa de financiación de capital riesgo de una compañía). Dos años más tarde, Amazon se hizo pública, y pedía 18 dólares por acción. Dos años después, Bezos fue nombrado el Hombre del Año por Time. Lo tuvo bien merecido porque Time reconoció la contribución de Bezos al Internet, además de haber popularizado el aspecto del comercio electrónico.

Lo que la mayoría de la gente no entiende sobre el Internet es que es un mundo donde el conocimiento y el comercio coexisten, y no es accidental que Amazon se alimente de esa relación. La versión moderna de Amazon, que ascendió rápidamente para poder venderle cualquier cosa a cualquier persona, se basa en la capacidad de obtener información sobre los productos y el problema subyacente que resuelve. Bezos fue directamente responsable de la estructura y forma que adoptó el Internet cuando diseñó Amazon y su forma actual.

Bezos se adapta a ambos roles de manera fácil y cómoda: el papel para liderar y abrir caminos hacia lo desconocido, y para seguir y aprender de otros líderes. Realmente, esa es la característica de un verdadero líder.

Sus habilidades de liderazgo no eran las de los típicos gerentes. Hay un aire de intensidad en lo que exige de un empleado, que, de ninguna manera, tiene un solo sentido. Él se exige lo mismo y, probablemente, lo hace con mayor intensidad.

La marca de liderazgo que está arraigada en la fibra de su ser es aquella que comprende que la perfección no es inalcanzable y que el orden establecido solo es temporal. Puedes cambiarlos para adaptarlo a tu visión, o alguien más lo va a cambiar para que se ajuste a la suya. En este caso, te convertirías en el seguidor y ellos se volverían los líderes.

***

Capítulo 10 - Filantropía

La carrera y los logros de Bezos siguen en ascenso. La filantropía para los principales triunfadores normalmente no se produce hasta que comienzan a alejarse del mundo del logro y el hacer, desvaneciéndose hacia su propia jubilación y sus años de plata.

No existe una razón estándar para esto, pero normalmente se debe a que la filantropía no solo involucra escribir un cheque a alguna causa favorita y terminar con ella. La filantropía es más que caridad y una deducción fiscal. La filantropía tiene que ver con comprender lo que significa para ti y entender la causa detrás de la donación. Esto requiere mucho tiempo, singularidad y comprensión y, como Bezos es Bezos, no es el tipo de persona que es capaz de hacer algo sin ponerle el 100% de su atención e interés.

Habiendo dicho eso, a pesar de que aún no se ha involucrado por completo, ha donado a algunas organizaciones de caridad en las últimas décadas. Recientemente, dio una pista de lo que podría ser su fundación benéfica, y parece que tendrá que ver con la utilidad actual, lo que significa que le gustaría que su organización caritativa tuviera un impacto instantáneo. Puede que no sea completamente parte de su caridad y no se realice de inmediato, pero la primera ronda de sus ideas parece que se centra en la creación de asistencia que podría utilizarse en una situación inmediata y urgente.

Pero en el pasado inmediato, las donaciones de caridad que hasta ahora ha llevado a cabo han sido para las áreas que involucran inmigración, educación y atención médica.

En este momento, sus donaciones totales en el campo de la salud predominan en el área de la investigación del cáncer, así como en el área de la neurología. Específicamente, el área de investigación que han patrocinado es un campo nuevo que aprovecha la recopilación de datos para que, las futuras investigaciones, puedan ser más significativas. Esto sugiere que la eventual filantropía organizada por la familia Bezos, que incluye los fondos provenientes de Jeff y Mackenzie, también incluye las donaciones caritativas del stock de Amazon que han sido donadas a la Fundación de la Familia Bezos, hecha por Miguel y Jacklyn Bezos.

Conclusión

Algo sigue sonando en mi oído cuando lo escuché decir: "No es un experimento si sabes que va a funcionar." En ese momento, Bezos y sus acciones, hasta este momento, se cristalizaron y me dieron una sensación de claridad y el hilo para unir toda esta narración.

Aquí hay un hombre que partió de la cuna estable de una carrera en Nueva York; el lugar exacto donde miles de graduados de la Ivy League, miles de escuelas de negocios y otras disciplinas de posgrado, colocan sus ofertas asignadas y cuelgan sus esperanzas de trabajar en Wall Street. Él lo consiguió. Logró la meta y estuvo como Flynn. Nadie hubiera pensado menos de él. De hecho, su nivel de logro fue el más alto de su familia. Sé lo que se siente porque también alcancé el nivel educativo más alto en mi familia, y no hubo escasez de besos y abrazos de abuelas adorables, tíos y tías exuberantes y padres relucientes.

Pero eso no fue suficiente para él, y no fue porque fuera codicioso o no supiera cómo dejar de hacerlo. Fue porque fundamentalmente no estaba tranquilo con todo eso.

Su falta de paz interior no se debía a que no estuviera satisfecho con lo que ya había logrado, solo que estaba lo suficientemente lejos de la dirección a donde quería llegar. Cuando tomó la decisión de renunciar de con Shaw y establecerse en el desarrollo de Amazon, vio el futuro y el resultado que quería.

Bezos no se imagina a sí mismo como un maestro. Él no cree que esa sea su responsabilidad ni su lugar. Pero es filósofo por excelencia. Su perspectiva sobre la vida y cómo manejar su naturaleza fugaz son cosas que uno esperaría que los filósofos estoicos ensalzaran, y creo que es posible que lea filósofos de la nueva era junto con los filósofos clásicos. Ciertamente, me parece que ese es el caso, debido a la forma en que enmarca el gran esquema de la tecnología y la informática, además de tener la capacidad de aplicar los avances que pueden aparecer mañana con los problemas que las personas enfrentan en la actualidad.

Él es así con su filantropía, y con su entrega. De hecho, es igual con sus ideas de viajes espaciales y esfuerzos en investigación médica. Parece que el día de mañana no puede llegar lo suficientemente rápido para Bezos; ya que se apresura y se dirige apurado.

Mientras llegamos al final de nuestra introducción a Bezos y al entendimiento y análisis de sus acciones y anécdotas que hablan sobre donde está actualmente, vemos que el arco del éxito no necesariamente comienza cuando eres un adulto. Todas las cosas que logras de niño, desarrollas en tus años previos a la adolescencia hasta que ingresas al bachillerato y luego te llevan a la universidad sirven para formar la base que predice hacia dónde te diriges como adulto.

Seamos claros: no todos podemos ser el hombre más rico del planeta; por defecto, solo puede haber una persona. Incluso si tienes un dólar menos, caes al segundo lugar. Por otro lado, si estableces la barra para lograr lo que él ha hecho, entonces podrás llegar a un camino que conduce a diferentes niveles de logro. Tienes el logro cerebral de enfrentar los desafíos y superarlos; tienes desafíos físicos que tienes que hacer; tienes desafíos inspiradores que puedes perfeccionar con meditación y concentración, y descubres que, en el momento en que decidas que quieres llegar a un lugar y si te mantienes firme en tu decisión, solo quedan dos cosas: La primera es saber que sus limitaciones son temporales, y la segunda es recordar que todos los problemas tienen una solución y todas las soluciones son una función del grado de tu ingenio.

Bezos acaba de cumplir 54 este año. Es una edad relativamente joven, y él todavía está en la cima del juego. Cuando comenzó, cuando hizo ese viaje por todo el país, era un joven de 30 años que tenía menos de una década de experiencia comercial en el mundo real. Ciertamente, no tenía experiencia en comercialización o desarrollo de sitios web.

Solo desde este punto, como también hemos dicho en este libro, podrás estar seguro de que no necesitas estar completamente enfocado en tu formación y lo que crees que puedes hacer. La verdadera clave es saber si eres una persona con un juego finito o infinito. Una vez que sepas, elegir las historias que te beneficiarán será mucho más fácil para ti. Pero eso tampoco pretende disuadirte de leer libros de hombres y mujeres que no son iguales que tú. Si eres un jugador infinito, lee todos los libros hechos por los jugadores infinitos, pero no descuides al jugador finito. Si lo haces, desequilibrarás toda la ecuación.

En otras palabras, lee más sobre el tipo que representas y luego lee sobre los que no eres. ¡Adivina lo que hace por ti! Te hace saber cómo toman decisiones. Entonces, la próxima vez que conozcas a una persona que sea completamente opuesta a ti, sabrás dónde estarán sus puntos de presión.

Cuando te das cuenta de que Bezos es el jugador infinito por excelencia, comienzas a ver la escritura en la pared y las marcas de sus acciones. Comienzas a ver que no es del tipo que se coloca la camisa de fuerza de la rutina, pero tampoco es del tipo que preocupa tanto por los procesos como lo hace con los resultados (que son superiores). Aunque eso no quiere decir que no esté interesado en mantener los procesos estrictos, sabe que, en una gran organización, hay mucha mano alzada que puedes permitir a nivel organizacional antes de que las cosas comiencen a salirse de control. Pero en los niveles más altos y en lo que respecta a la delegación de responsabilidades, resolver el problema tiene más prioridad que mantener el proceso.

Los jugadores infinitos ven esencialmente la imagen más grande. Es por eso que saben que la vida no se limita a este trimestre y año fiscal. Es mucho más grande que eso y Bezos no es diferente. Ese es el ancla que le permite mantenerse fiel a un objetivo de mejora constante a largo plazo. Si hubiera desarrollado Amazon como un jugador finito, entonces habría habido un resultado muy diferente. Una comparación interesante sería alguien como Balmer en Microsoft y Tim Cook en Apple. No son los fundadores, pero la cultura de la compañía que les dejó el fundador dicta la cultura que los supera y crea los parámetros del juego.

Jobs dejó una compañía que jugó el juego infinito; Gates dejó atrás una compañía que, por la razón que fuera, jugó el juego finito. Recientemente, Microsoft siempre ha estado enfocándose sobre el trimestre, el año o los próximos dos o tres años, como máximo. Y lo que le sucede a ese tipo de compañías se muestra en los productos que generan. Como el teléfono de Windows que no duró mucho porque aparecieron el teléfono mientras intentaban competir en un mercado que no desarrollaron. Solo elaboraron un dispositivo para que pudieran competir en este trimestre. El resultado fue catastrófico. Pero, por otro lado, si miras a Apple, verás que la cultura infinita se arraiga en cada una de las manos. En mi siguiente libro sobre Steve Jobs, me sumerjo profundamente en esto. La razón por la que lo menciono aquí es porque las comparaciones son significativamente relevantes. El jugador infinito siempre gana sobre el jugador finito. Analiza la batalla entre los teléfonos Samsung y el iPhone. Samsung tiene rapidez para salir de la puerta con productos que captan la atención del mercado, y sus precios son suficientes para que el mercado masivo los adopte fácilmente, pero luego Apple no se apresura a ponerse al día. Ellos hornean su tecnología y, cuando están listos, liberan el producto. Estoy seguro de que habrá varios de ustedes que no sean fanáticos de Apple, y créanme cuando digo que no soy un usuario de iPhone, pero aprecio la forma en que abordan el mercado y manejan la innovación en el diseño, así como la forma en que introducen alguna tecnología disruptiva de vez en cuando, marcando la tendencia para que otros sigan el ejemplo, así como lo hizo el iPad.

Regresando a Amazon.

Amazon también marca tendencias. Fue Amazon quien siguió a AliExpress y fue Amazon quien también siguió a Lazada, en Alemania. Sin duda, Amazon es un creador de tendencias, y lo seguirán siendo. Cuando estés en este nivel del juego, tu trabajo no es pensar en cosas pequeñas, sino pensar cómo establecer las tendencias y hacer que los demás te sigan. Si nadie te está copiando, entonces no lo estás haciendo bien.

Otro de los conmovedores dichos de Bezos que llevaré conmigo durante un tiempo es (permítanme parafrasear) que todos somos la suma de nuestras elecciones. Es una de esas cosas que me hace recordar que soy humano, y no soy diferente de los hombres sobre los que escribo. No soy diferente de Gates, Jobs y Ma, y no soy diferente de Bezos en los atributos que resultan de esta forma y función. Todos estamos conectados; todos asumimos el mismo contenido de nuestra biología. Donde nos diferenciamos es en las decisiones que tomamos, el contenido de nuestras intenciones y la consecuencia de nuestras acciones.

Aquellos que se ponen de pie para lograrlo lo hacen con la certeza de la causa y efecto. Saben que no hacer nada, en un lado del espectro, resulta en oscuridad. Hacer algo te hace pasar, pero hacer algo de la mejor forma te lleva lejos.

Si Bezos fuera creíble (y lo es), entonces nosotros, siendo la suma de nuestras elecciones, somos un trabajo en progreso. Podemos cambiar el cálculo de las elecciones históricas simplemente haciendo nuevas elecciones; eso es lo que realmente debe suceder. O simplemente podemos leer acerca de los logros de estos hombres mientras estamos sentados al lado del río, viendo pasar las grandes barcas fluviales. La elección es nuestra, y ahí está de nuevo: decisiones.

Bezos no estaba contento con los trabajos que asumía, no porque no le gustara trabajar, sino porque estaba cansado de los logros mediocres. Esa campana suena en todos nosotros. Simplemente lo malinterpretamos, o el sonido es amortiguado por nuestros temores y pereza.

Somos más felices no cuando somos ricos y famosos. Somos más felices cuando estamos en paz y progresando. Somos más felices cuando resolvemos problemas que nadie más puede hacer. Estamos felices cuando construimos algo.

Bezos está contento, y no es porque juegue con cohetes, robots y tecnología. Él es más feliz porque es capaz de mantener su mente ocupada haciendo algo que nadie más puede hacer y construir todos los días.

***

Si disfrutaste este libro, estaría eternamente agradecido si pudieras dejar una reseña. Las reseñas son la mejor manera de ayudar a los demás lectores a encontrar los libros que valen la pena leer. De antemano, ¡muchas gracias!

Asegúrate de revisar el siguiente libro de la serie 'Visionarios Billonarios':

Elon Musk: Moviendo el Mundo con Una Tecnología a la Vez

www.ingramcontent.com/pod-product-compliance
Lightning Source LLC
Chambersburg PA
CBHW021153080526
44588CB00008B/311